SCIENCE

KEXUE YUANLAI ZHEYANGMEI

普及科学知识, 拓宽阅读视野, 激发探索精神, 培养科学热情。

有滋有味读科学

★ 包罗各种科普知识, 汇集大量精美插图, 为你展现一个生动有趣的科普世界, 让你体会发现之旅是多么有趣, 探索之旅是多么神奇!

吉林出版集团
北方妇女儿童出版社

图书在版编目(CIP)数据

有滋有味读科学／李慕南,姜忠喆主编.—长春：
北方妇女儿童出版社,2012.5(2021.4重印)
(青少年爱科学.科学原来这样美)
ISBN 978-7-5385-6292-7

Ⅰ.①有… Ⅱ.①李… ②姜… Ⅲ.①科学知识-青
年读物②科学知识-少年读物 Ⅳ.①Z228.2

中国版本图书馆 CIP 数据核字(2012)第 061599 号

有滋有味读科学

出 版 人	李文学
主 编	李慕南　姜忠喆
责任编辑	赵　凯
装帧设计	王　萍
出版发行	北方妇女儿童出版社
地 址	长春市人民大街 4646 号 邮编 130021
	电话 0431-85662027
印 刷	北京海德伟业印务有限公司
开 本	690mm × 960mm 1/16
印 张	13
字 数	198 千字
版 次	2012 年 5 月第 1 版
印 次	2021 年 4 月第 2 次印刷
书 号	ISBN 978-7-5385-6292-7
定 价	27.80 元

前　　言

　　科学是人类进步的第一推动力,而科学知识的普及则是实现这一推动力的必由之路。在新的时代,社会的进步、科技的发展、人们生活水平的不断提高,为我们青少年的科普教育提供了新的契机。抓住这个契机,大力普及科学知识,传播科学精神,提高青少年的科学素质,是我们全社会的重要课题。

　　一、丛书宗旨

　　普及科学知识,拓宽阅读视野,激发探索精神,培养科学热情。

　　科学教育,是提高青少年素质的重要因素,是现代教育的核心,这不仅能使青少年获得生活和未来所需的知识与技能,更重要的是能使青少年获得科学思想、科学精神、科学态度及科学方法的熏陶和培养。

　　科学教育,让广大青少年树立这样一个牢固的信念:科学总是在寻求、发现和了解世界的新现象,研究和掌握新规律,它是创造性的,它又是在不懈地追求真理,需要我们不断地努力奋斗。

　　在新的世纪,随着高科技领域新技术的不断发展,为我们的科普教育提供了一个广阔的天地。纵观人类文明史的发展,科学技术的每一次重大突破,都会引起生产力的深刻变革和人类社会的巨大进步。随着科学技术日益渗透于经济发展和社会生活的各个领域,成为推动现代社会发展的最活跃因素,并且成为现代社会进步的决定性力量。发达国家经济的增长点、现代化的战争、通讯传媒事业的日益发达,处处都体现出高科技的威力,同时也迅速地改变着人们的传统观念,使得人们对于科学知识充满了强烈渴求。

　　基于以上原因,我们组织编写了这套《青少年爱科学》。

　　《青少年爱科学》从不同视角,多侧面、多层次、全方位地介绍了科普各领域的基础知识,具有很强的系统性、知识性,能够启迪思考,增加知识和开阔视野,激发青少年读者关心世界和热爱科学,培养青少年的探索和创新精神,让青少年读者不仅能够看到科学研究的轨迹与前沿,更能激发青少年读者的科学热情。

　　二、本辑综述

　　《青少年爱科学》拟定分为多辑陆续分批推出,此为第二辑《科学原来这样美》，以"美丽科学，魅力科学"为立足点，共分为 10 册，分别为：

1.《头脑风暴》

2.《有滋有味读科学》

3.《追寻科学家的脚步》

4.《我们身边的科学》

5.《幕后真相》

6.《一口气读完科普经典》

7.《神游未知世界》

8.《读美文，学科学》

9.《隐藏在谜语与谚语中的科学》

10.《名家笔下的科学世界》

三、本书简介

本册《有滋有味读科学》讲述了几十个科学史上的趣味故事，以改变人们认为科学研究枯燥无味、科学家是"书呆子"的误解。阅读科学经典，打开科学大门，回看科学历史，解读科学奥秘。爱因斯坦说："想象力比知识更重要，因为知识是有限的，而想象力概括着世界上的一切，推动着进步，并且是知识进化的源泉。严肃地说，想象力是科学研究中的实在因素。"科学本来是很有趣的，而那些伟大的科学巨匠本来也是有血有肉的，也是食"人间烟火"的，也有"七情六欲"。本书是一本有趣的科学故事书，数十个生动的故事涉及了中小学生最想知道的问题真相，激发着中小学生在阅读中不停地去获取科学知识，在阅读中开拓自己的思维，在兴趣盎然中增长见识，在不知不觉中滋生探索的渴望。

本套丛书将科学与知识结合起来，大到天文地理，小到生活琐事，都能告诉我们一个科学的道理，具有很强的可读性、启发性和知识性，是我们广大读者了解科技、增长知识、开阔视野、提高素质、激发探索和启迪智慧的良好科普读物，也是各级图书馆珍藏的最佳版本。

本丛书编纂出版，得到许多领导同志和前辈的关怀支持。同时，我们在编写过程中还程度不同地参阅吸收了有关方面提供的资料。在此，谨向所有关心和支持本书出版的领导、同志一并表示谢意。

由于时间短、经验少，本书在编写等方面可能有不足和错误，衷心希望各界读者批评指正。

本书编委会

2012 年 4 月

目　　录

从骰子到原子弹

蒙特卡洛是地中海沿岸欧洲国家摩纳哥的一个城市，它以"赌城"闻名于世。那里云集了来自世界各地的赌徒。赌徒们赢了，可以"纸醉金迷"一番；输了，可以到那里的一座"自杀桥"投河自尽——生死都可以"风流"。

蒙特卡洛方法，是数学中的一种方法。那为什么数学方法要用这样一个"不光彩"的城市来命名呢？骰子和原子弹与它又有什么关系呢？

数学有一门叫概率论的分支，而它的起源则是对赌博的研究。而当时欧洲在赌博时常用骰子为赌具，于是我们的故事就从 15 世纪欧洲用骰子的赌博开始。

意大利数学家帕巧利（1445 ~ 1514）最早对赌博中的输赢作了估计。他于 1494 年发表了数学专著《算术、几何、比和比例摘要》，其中就研究了如下赌博问题。在一次赌博中，两个赌徒都各自要赢 6 次才算赢。但在一个只赢了 5 次，另一个只赢了 2 次时比赛就中断了。问题是：这时应如何分配总的赌金。帕巧利的主张是按 5：2 分配。虽然他并没有正确地解答这一问题，但由此却引起了人们的思考。

到了 16 世纪，另外两位意大利数学家塔尔塔利亚（约 1500 ~ 1557）和卡尔丹（1501 ~ 1576）也研究过类似的赌博问题。卡尔丹还为此写了一本叫《赌博论》的书。书中算出了掷两颗或三颗骰子时，在一切可能的方法中得到某一总点数的方法数；并认为上述问题的答案不是赌过的次数之比 5：2，而是应考虑剩下的次数，即总赌金应按 $(1 + 2 + 3 + 4)：1 = 10：1$ 来分配——可见他的思路是对的，但计算方法却不对。

16 世纪末，欧洲许多国家的保险业从航海扩大到工商业。由于保险业务的扩大和保险对象都带有随机现象的色彩，所以迫使他们研究这样一个问题：既要保证赢利，因此收的保险金不能太少；又要保证投保人乐意投保，因此

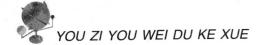

收的保险金又不能太多。这就需要对保险问题所涉及的随机现象进行研究而创立保险业的一般理论。于是，概率论产生的时机到了。但问题的难点是，保险问题所涉及的随机现象常常被许多错综复杂的因素干扰，因此，人们便从简单的、容易研究的赌博问题入手，于是"骰子"再次摆到数学家们的桌子上。因此，后来有人甚至戏称概率论为"赌博的科学"。

1654 年 7 月 29 日，是概率论史上一个值得纪念的日子。这一天，法国数学家帕斯卡写信给另一位法国数学家费马研究了赌博问题。由于二人的通信讨论，概率这一概念才比较明确。因此，二人是严格意义下的概论的早期创立者。当然，创立者还应加上荷兰数学家惠更斯，因为他于 1657 年发表了《论赌博中的推理》。在该文中，他建立了概率和期望等重要概念，并得到相应的性质和计算方法。

那帕斯卡为什么会给费马写信呢？原来，他有一个朋友叫梅雷，是一个赌徒。梅雷曾与一个侍卫官投骰子赌博，各出 30 个金币，双方约定如果梅雷先掷出了 3 次 6 点，60 枚金币就归梅雷；侍卫官如果先掷出 3 次 6 点，60 枚金币就归侍卫官。但意外的事发生了：正当梅雷掷出 2 次 6 点，侍卫官掷出 1 次 6 点时，侍卫官得到通知，必须马上回去陪国王接见外宾。赌博显然无法进行了，那赌金如何分配呢？梅雷说他应分得全部赌金的 3/4 即 45 枚金币，而侍卫官则说自己应分得全部赌金的 1/3 即 20 枚金币。双方争论不休，但谁也说服不了谁。于是梅雷就写信向帕斯卡求教。帕斯卡对此也很有兴趣，他经过研究后把这一难题和他的解答一起寄给费马，于是就有了上述通信研究。

经过 18～19 世纪数学家们的研究，概率论得到了飞速发展。

到了 20 世纪二战爆发后，美国在 40 年代进行了原子弹的研制。在这期间，出生在匈牙利的美国数学家冯·诺伊曼与另一位美国数学家乌拉姆提出了蒙特卡洛方法。当时在美国的洛斯—阿拉莫斯实验室工作的物理学家要计算中子在各个不同介质中游动的距离，研究链式反应。上述二人利用数值计算的方法和技巧，在计算机上实现了第一个蒙特卡洛的程序，跟踪大量的中子，模拟每个中子游动的"生命"历史，然后作统计处理，使中子运动的统计规律性得以呈现。

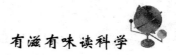

　　从此，蒙特卡洛方法开始得到广泛应用。数学、物理、化学、国民经济、科研各学科和部门，都可以在通常的解析方法或数值方法难以得到解答时大显身手。而这一方法的建立则得益于概率论的发展，概率论又来自对赌博的研究。所以，以赌城——蒙特卡洛命名便不足为奇了。

纪念保姆引出的发明

一台仪器与心脏病人相连,经过仪器的自动描记器,得到心电图,用来诊断心率、传导、冠状动脉硬化的程度。医生结合心电图与病人症状的对应关系,还可识别出诸如心房纤颤等其他类型的心脏疾病。

可是,对它的发明者和他为何要作出这样的发明,却鲜为人知。它的发明者是荷兰科学家威廉·埃因托芬(1860~1927)。

埃因托芬于1860年5月21日出生在印度尼西亚爪哇岛三宝垄的一个大种植园主之家——那时印尼是荷兰的殖民地。他小时候是由一个称为洪妈的中国阿妈带大的。4岁起,洪妈就带他到上海侨居了6年,并在上海法量公学上小学。喜爱他的洪妈还带他到广东新会——洪妈的家乡住了半个月。在埃因托芬17岁那年,洪妈不幸因心脏病死于他爪哇家的田庄里,他悲痛不已。

埃因托芬不只是悲痛,而且对这位慈祥、勤劳、仁爱的长者还充满着深深的敬意。为此,他立志学医,并终生从事对夺去洪妈生命的疾病——心脏病的研究,终于1885年取得医生资格。

荷兰有一座以医科闻名于世的权威学府——乌特勒克大学,这里有一位著名荷兰医学家杜德(1818~1889),他是现代眼镜片的设计者,埃因托芬就向他学医。杜德年迈时,把自己尚未完成的病理研究资料,全部传给自己的得意门生埃因托芬,并再三叮嘱他说,科学家对心脏病的研究尚不理想,要他"大胆地往前走"。

人们早已发现"生物电",两位德国科学家更进一步,发现青蛙的心脏会产生电流。基于这些认识,埃因托芬决定研究心脏的电活动。为了实现这一研究,埃因托芬曾转入物理系苦读一年,从而掌握了电学的基本原理。

以扎实基本功和爱心为前提,埃因托芬经过多年研究,终于悟出:心脏每次收缩之前,会先发生电激动,这会传至身体表面各部位,造成体表不同部位之间的电压。将此电压用仪器描绘成波形，就是正常的心电图。但当人有心脏病时，这个波形就不正常，由此即可诊断疾病。

在埃因托芬之前，一位叫沃洛的科学家就发明了一种心电图仪，但描记不灵敏，且要经过复杂的计算，所以效果不太理想。

埃因托芬成功设计了关键部件——指针式微电流计。这一也被称为悬线电流计的装置用极细的镀银石英丝代替原来的线圈和镜子，使之更为灵敏。这根石英丝悬于两个磁极之间，当有微弱电流通过时，它就要发生偏转；电流越大偏转幅度也越大。他的具体做法是：把电极置于病人手臂和腿上，利用上述装置即可探测到心脏向全身泵送血液时通过心肌的电脉冲。而记录这些电脉冲的妙法是：让悬线电流计在偏转时挡住一束光，这就在纸上留下一束阴影；再用一条不断移动的长长的感光纸，便连续地记录下心肌活动的这些电脉冲了，这个图形就是心电图——记在感光纸上的图。

1903 年，他终于完善了用以记录心脏跳动时心电变化状况的心电图仪，使之成为临床上有实用价值的诊断心脏的有力工具。后来，又经许多人的改进，心电图仪才成了现在这个样子——不但可以在示波屏上及时显示出心脏电脉冲的波形及各种参数，而且可以用电脑在纸上打印出来。

1924 年，埃因托芬因发现心电图的产生机制和改进、完善心电图仪，被授予诺贝尔医学和生理学奖。当他怀着对洪妈的怀念以 64 岁的高龄去斯德哥尔摩领奖时，却真切地认为在医学研究上比他贡献大的人很多，他觉得受之有愧，显示出一位科学家的谦虚美德。

1925 年埃因托芬退休后，立即偕妻子、儿女重返印尼，到爪哇为洪妈扫墓。他默默地为洪妈祈祷：愿洪妈在地下平安——他已经完成了纪念洪妈的发明，为诊断夺去洪妈生命的那种疾病的发明。

利用生物电诊断疾病，并不仅限于心脏。1929 年，伯格尔（P. Berger）发明的脑电图仪，可以记录脑电流活动的情况，于是脑电图就为癫痫病和脑损伤定位等提供了有效的检查方法。大致同时，肌电图仪问世，到 20 世纪 40 年代，肌电图已能真正用于诊断肌肉损伤了。

我们无法"假设"要是埃因托芬如果不是充满对洪妈的爱，是否也会立志学医，或者是否也会作出荣获诺贝尔奖的发明，从而使心脏病患者的今天更加美好。

战争与罐头

1789 年，法国资产阶级革命爆发，刚成立不久的法国政府几年之内就卷入几个外国列强战争了的急流之中。老天头一次赐予拿破仑出人头地的机会，年仅 24 岁的拿破仑在 1793 年 8 月土伦包围战中，从英军手中收复了土伦。他指挥的炮队立了头功，便被提升为旅长。

法兰西军队要转战千里，后方运来的食品送到战士手中时，大多变质腐烂。由于食品不足，士兵营养不良，减员严重，但又无计可施。在此情况下，为了保证战争的胜利，法国政府在 1795 年悬赏 12 000 法郎，向全国征集军用食品的保鲜方法。次年，拿破仑已被提升为驻意大利的法军总司令。在 1896 年~1897 年间取得一系列辉煌胜利之后，以英雄的身份返回法国。1798 年他率法军入侵埃及并遭到惨败——纳尔逊统率的英国海军摧毁了法国舰队。但他在 1799 年放弃他在埃及的军队返回法国后发现，法国人记忆犹新的是他在陆地上取得的胜利和在前述意大利的胜利，而不是他的海军的失败。于是他在一个月后就与阿贝·西叶雨等人发动政变，成立一个新的"执政府"。从此开始了著名的拿破仑一世王朝（1769~1821）的独裁统治。

为了解决食品变质问题，科学家们绞尽了脑汁，但无一如愿以偿。糖里糕点制造者尼古拉·阿贝尔也注意到政府的悬赏，并从 1795 年开始进行这方面的研究。经过 10 年的思考、试验、研究，终于 1804 年发表了论文《密封容器贮藏食品技术》，提出了他的保鲜方法。他的方法是，将食物（例如猪肉）放在用粗麻布裹紧的玻璃瓶中，瓶口敞开放到煮开的沸水中加热 30~60

分钟，再趁热用软木塞将瓶口塞紧，并用蜡密封；然后用金属丝或绳子扎住，最后再在沸水中煮一段时间，取出冷却即成。他用这种方法制成了人类第一批罐头，一般可保存两三个月时间。

1806年，第一批玻璃瓶口直径约10厘米的罐头经过几个月的海运，接受了酷暑和潮湿气候的考验之后，到达一艘法国战舰上，官兵们品尝之后觉得味道依然鲜美。拿破仑对此也颇为高兴，曾大加赞誉。

1909年，阿贝尔把他的成果呈报给法国政府。政府接受了这一成果，并由"长期贮藏陆海军粮委员会"颁发给他12 000法郎奖金。第二年，他又发表了《动物与植物性食品的数年贮藏方法》的论文。1912年，他用上述奖金建立了世界上第一个罐头厂，名为"阿贝尔之家"，并继续进行研究。

阿贝尔的食品保鲜法很快在欧洲传开了。为了便于密封和避免破碎，英国人朱兰德用马口铁小罐取代了玻璃瓶，他在1810年将食品塞入罐中后加热处理，再用锡封牢。这一类似现代罐头的改进在当年就取得了专利。

在罐头发明史上还有两件趣事。

第一件，罐头存放100年。为了证明罐头确有保鲜力，有人在1821年把装有4磅（约1.8公斤）的烤马肉罐头贮存到1938年才打开，分10天喂给12只老鼠吃，结果老鼠安然无恙。

第二件，是"魔法快产罐头"。用阿贝尔方法生产一批罐头至少要两三个小时，工效很低。这既不能满足"上帝"的需要，也不能使厂家赚更多的钱。于是"魔法师"们披长袍，念咒语，粉墨登场了。只见他们将一把白粉撒入煮罐头锅中，就说："成了！"咦！奇迹果真出现了，煮的时间缩短了一半！其实这是一个简单的化学、物理知识——加食盐后水的沸点会明显提高。这样，当然就不用煮那么久了。但在当时，这一招还使许多人认为真有"魔法"哩！

那么，阿贝尔是怎样作出他的发明呢？原来，他靠的是经验：夏天的食物经过高温蒸煮后可以延缓变馊的现象。善于联想、移植，加上10年百折不挠的努力，是阿贝尔成功的"秘诀"，也是并非不知道上述现象的人们不能作出这一发明的原因所在。可以设想，同样在思考的学者们也许在与什么高深的理论相联系，但他们最终两手空空。这时，我们很容易联想起萧伯纳

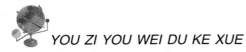
（1856～1959）看似荒诞无稽、实际饱含哲理的话："读书使人迂腐。"看来，科学发明发现既可来自像爱迪生、阿贝尔这样的"下里巴人"，也可以来自像牛顿、爱因斯坦这样的"饱学之士"。

　　罐头保鲜的原理是高温杀死了食物中的微生物，而它们在食物中的繁衍正是食物变质的主要原因。不过，当时人们并不知道这个道理，直到1864年法国巴斯德明白了这个道理，并于1867年发明"巴斯德消毒法"之后，人们才恍然大悟。

林肯揭伪证

1990 年，美国《史密森》杂志举行了一次大规模的民意测验，要求读者投票选举三位"自古以来世界上使用文字最简洁的人"。结果"上帝"获得第一名。"他"用 300 多字就在《圣经》中阐明了《十戒》。第三名是英国二战时的首相丘吉尔。荣获第二的就是我们这个故事的主人公——美国第 16 任总统亚拉伯罕·林肯（1809～1865），他感人至深的《葛底斯堡演说辞》只用了 270 个词。

林肯是一位政治家，怎么扯到我们的科技史上来了呢？没有弄错，下面就是这位政治家用扎实的天文知识为人洗雪罪名的故事。

林肯早年曾是一个律师。一次，一个名叫阿姆斯特朗的青年人被别人诬告为"图财害命"。他有口难辩，被判有罪。

阿姆斯特朗的父亲是林肯最好的朋友，当时已死去。林肯了解阿姆斯特朗，他为人踏实厚道，绝不会去谋财害命，于是他主动担任了他的辩护律师，要为他洗雪沉冤。

他查案卷、到"现场"、问事实，断定是一起诬告案，要求法庭重审。

案件关键在诬告人收买的"证人"福尔逊身上，因为他一口咬定，他在 10 月 18 日的月光下，在一个草堆后看到阿姆斯特朗开枪把人打死了。于是林肯直逼福尔逊："你发誓说在 10 月 18 日月光下看清的人是阿姆斯特朗而不是别人？""是的，我发誓！"福尔逊回答说。林肯又问："你在草堆后，与大树下的阿姆斯特朗相距二三十米，你能认得清吗？"福尔逊回答说："看得清，因为月光很亮，正照在他脸上，我看清了他的脸。"林肯又问："你能肯定是 11 点钟吗？""完全能肯定，因为我回到房间里看钟时，正是 11 点一刻。"福尔逊回答也很坚定。

到了这里，林肯面向大家，郑重宣布："证人"福尔逊作了伪证，是一个

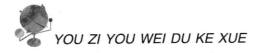

骗子！

　　这时，法庭的人都愣住了。接着，有人高声质问林肯："你有什么根据呢？"

　　林肯不慌不忙地回答说："证人说他在 10 月 18 日晚上 11 点在月光下看清了阿姆斯特朗的脸。但这天是上弦月，11 点哪里还有月光啊？即使假定有月光，也应从西往东照，而遮着福尔逊的草堆在东边。阿姆斯特朗站在西边的大树下，如果他脸朝东，显然不会有月光；如果脸朝西，福尔逊又怎么能从二三十米远的草堆处看清他的脸呢？"

　　林肯说到这里，法庭一片沉静，随之而来的是一阵雷鸣般的掌声。

　　林肯用非常扎实的天文学、物理学知识揭穿了谎言，拯救了无辜。此后，他成了当时美国最有名的律师之一。

　　林肯用渊博的知识破案的故事并非绝无仅有。19 世纪中叶，德国化学家李比希（1803～1873）参加了赫尔利茨伯爵夫人案件的审判。夫人的侍仆说一枚价值连城的戒指是他早在 1805 年侍候夫人之前就得到的，不是偷的夫人的。但李比希内行地鉴别出戒指上镶着的两条金尾蛇之一是铂做的，而铂从 1819 年才开始用于首饰中。由此，他有力地迫使侍仆供出了盗窃夫人戒指的罪行。

悬赏两万英镑的发明

1993 年，英国发行了一枚图案是一块怀表的邮票，上面写着："约翰·哈里森（1693～1776）制成第 4 号钟。"很多怀表都比这块怀表漂亮，为什么英国人会对它情有独钟呢？英国人又为什么会对一个"钟表匠"诞生 300 周年如此看重呢？这还得从头说起。

1714 年 7 月，英国政府通过"经度法"悬赏奖励用各种方法测准地球经度的人：精度在 0.5°以内的奖 2 万英镑（约合当今 120 万美元，即约 1 000 万元人民币），0.67°和 1°以内的奖分别 1.5 万和 1 万。由政府同年成立的经度委员会负责奖金的管理、发放，实际褒奖和资助发明者的支出超过 10 英镑，该委员会于 1828 年撤销。

为什么要巨额悬赏来征集这一发明呢？

原来，当时"大英帝国"是航海大国，17 世纪末就有 300 艘战舰、商船往来于不列颠群岛和西印度群岛之间。但常因船队无法精确测定经度，被迫在海中长期漂泊，于是患坏血病而死或发生海难而亡的人不计其数。1707 年，一支英国舰队就因为经度测定、推算有误，加之大雾垂海，便触礁沉没，使 2 000 多人葬身鱼腹。因此，测准航船经度，进而确定航船位置便成了航海家甚至政府高度重视的课题。

可是，测准经度并非易事。从 150 年古希腊天文学家托勒密在他的第一本绘有 27 幅地图的地图集里绘上经度线开始，就没人能解决这一问题，包括使人振聋发聩的"天才"级人物——伽利略、牛顿。但是，人们已经有了正确的思路。地球 24 小时转 360°，那么 1 小时就转 15°。因此，"测经度"就转化为"测时间"。于是发明准确的计时器——天文钟就迫切地摆在发明家们的面前。

但发明准确的天文钟也非易事。因为当时广泛使用的是摆钟，它有一些

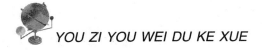

致命的缺点：会因重力加速度的变化而变得不准，温度变化也影响走时准确。因此，要准确计时就必须有突破性的改进或另辟蹊径。

木匠的儿子约翰·哈里森是个自学成才的钟表机械爱好者，他决心作出这一发明。他用发条作动力，设法将摩擦减少到最低限度，采用受温度变化影响很小的双金属片，终于在 1735 年研制出"哈钟 1 号"。这只钟像一台大机器，至今还保存在格林尼治天文台里。这只钟取得了初步的成功，在 3 个星期的航海中，误差仅 4 分钟，平均每天误差仅约 11 秒。虽然它还没有达到悬赏的要求，但比以前的钟准确多了，为此英国政府奖励哈里森 500 英镑。于是他信心大增，相继制成"哈钟 2 号"和"哈钟 3 号"。

1759 年，年已 66 岁的哈里林经过 40 年的奋斗，终于在他儿子的协助下造出"哈钟 4 号"。这只钟直径约 5 英寸（约 13 厘米），质量 1.35 千克。有时、分、秒针各一枚，3 枚针均横在同一搪瓷盘上，由一个圆形钢摆轮控制，用发条作"维持力"。在他儿子威廉的照管下，这只钟在开往西印度群岛的皇家军舰"哈普福号"上航行了 6 个星期，只慢了 5 秒（这 5 秒误差是在仪器原定每天慢秒的误差之外的），这显然已超过了悬赏的要求。1764 年，它又经受了开往巴巴多斯航船上的考验，再次证实了获奖资格。不过，经度委员会却要哈里森解释它的结构，并证明其他钟表匠也能按同一方法造出同样精确、可靠的钟后，才肯全数发给奖金。于是双方为此发生了难以调解的争吵，国王乔治三世支持哈里森向议会上诉。1773 年，哈里森还是在生前如愿以偿地全数得到了所欠他的 2 万英镑余额。"哈钟 4 号"至今还珍藏在格林尼治天文台，被称为"天下第一钟"。它加速了英国对海洋的控制，成就了"日不落帝国"的海霸业，所以英国人对"哈钟 4 号"偏爱有加，在 300 年后为哈里森发行邮票便不足为奇了。

在十七八世纪，许多沿海国家都用悬赏的方法来吸引发明家解决经度测量工具（当时是计时器）的问题，例如法国也于 1716 年悬赏 10 万法郎。"重赏下面必有勇夫"，所以这一时期钟表的研究有很大的发展。

当今的计时器已远非"哈钟 4 号"所能比拟：1998 年超冷铯原子钟的建立，使计时精确度达到 10 阿秒级——大约二三十亿年才差一秒！

诺贝尔奖中的"四"

诺贝尔奖激励着 100 多年来科学家的奋斗，也给人们带来滔滔不绝的话题，其中趣事可说是不胜枚举。其中一项趣事是，许多奖都与"四"有关，下面举出三组"四"的巧合。

获诺贝尔奖不容易，一人两次获奖当然是难上加难，但迄今为止，却不止一个人两次得奖。巧的是，这样的人正好四个，更巧的是，其中没有任何两个所得两项奖完全相同。

最早两次得奖的是名扬四海的法国籍波兰科学家居里夫人（1867～1934）。她也是惟一的一位两次得奖的女性。1903 年，她和丈夫皮埃尔·居里（1859～1906）获一半物理学奖金，另一半则由法国物理学家贝克勒尔（1852～1908）获得。1911 年，居里夫人则独享诺贝尔化学奖。

第二位两次得奖的是大名鼎鼎的美国化学家鲍林（1901～1994）。他是惟一的自然科学和社会科学都获奖的人，也是惟一的一人两次独得诺贝尔奖的人：1954 年独享化学奖，而 1962 年则独享和平奖。

第三位两次获奖的是成就卓著的美国物理学家巴丁（1908～）。他也是惟一两获物理学奖的人。巧的是，两次都是和另外二人，也是他的同胞、同行和合作者获得这一殊荣的：第一次是 1956 年，与布拉坦、肖克莱；第二次是 1972 年，与库柏、施里弗。

最后一位两次得奖的是誉满全球的英国生物化学家桑格。他也是惟一两获化学奖的人。第一次在 1958 年独享，第二次则在 1980 年与美国伯格（P. Berg）、美国吉尔伯特（W. Gillbert）共得。

以上是第一组巧合。

第二组巧合是获此殊荣的父子共四对。

最早的一对是 J. J. 汤姆逊（1856～1940）和他的儿子 S. G. P. 汤姆逊

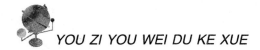

（1892～1975）。这两位英国物理学家分获物理学奖的年代是 1906 年 1937 年。第一次是老子独享，第二次则是儿子与美国物理学家戴维森（1881～1958）瓜分。

第二对是 B. W. H. 布拉格（1862～1942）和他的儿子 W. L. 布拉格（1890～1971）。这两位英国物理学家（后者出生在澳大利亚）在 1915 年同获物理奖。父子同时得奖在诺贝尔获奖史上绝无仅有。

第三对是 N. H. D. 玻尔（1885～1962）和他的第四个儿子 A. 玻尔。这两位丹麦物理学家分别于 1922 年和 1975 年获得物理学奖。老子是独得，儿子则与另一位丹麦籍的物理学家莫特尔森（B. R. Mottelson）、一位美国物理学家雷恩汉特（L. J. Rainwater）共得。

最后一对是瑞典的物理学家 K. M. G. 塞格巴恩（1886～1978）和他的儿子 K. M. B. 塞格巴恩。老子一人独得物理学奖是在 1924 年。儿子获物理学奖是在 1981 年，他得到一半奖金，另一半则由出生于荷兰的美国物理学家勃罗姆柏根和美国物理学家肖洛平分。

第三组巧合是获奖的夫妇也是四对。

居里夫妇和他们的女儿伊伦娜·约里奥·居里（1897～1956）、女婿让·弗列德里克·约里奥·居里（1900～1958）是其中两对。后一对法国夫妇是在 1935 年同享化学奖的。

第三对获奖的是生于奥匈帝国的卡尔·科里和他的有德国血统的夫人格蒂·科里（1896～1957）。这对美国生物化学家是在 1947 年与阿根廷的生化学家豪塞利（B. A. Houssay）分享医学和生理学奖的。

前面三对夫妇都是分别在同一学科同时获奖的，这是一些珠联璧合的科学伉俪。而第四对获奖夫妇则是分别在不同学科、通过自己的奋斗在不同的年代获奖的，这种交映生辉的夫妇在诺贝尔奖上只有一对：1982 年，瑞典阿尔娃·米达尔（1902～1986）这位著名的政治活动家得到的是和平奖；而她的丈夫、瑞典经济学家贡纳尔则在 1984 年荣获经济学奖。

花钱买来的大奖

1986 年 12 月 10 日，瑞典首都斯德哥尔摩市中心深蓝色的音乐厅显得格外庄严、典雅。从 1901 年开始，每年这一天都要在这里举行诺贝尔奖颁发仪式——只有少数几年因两次世界大战的原因中断除外。

下午 4 点 30 分，是 90 年前诺贝尔撒手西去的时刻。音乐厅里灯光辉煌，主席台四周摆放着红黄两色鲜花，瑞典国王卡尔十六世古斯塔夫和王后、皇室成员入场，发奖仪式开始。年近八旬的美籍意大利女生物学家丽塔·莱维·蒙塔尔奇尼和另一位美国生物学家斯坦利·科恩两眼闪闪发光，怀着激动的心情聆听着诺贝尔基金会主席贝里斯特隆的致词。接着，他们从卡尔十六世手中接过奖品——铸有诺贝尔头像的金质奖章、医学和生理学奖的证书。当然，还有奖金。

"灰白的短发梳理得端庄大方，明亮的双眸透射出聪颖和智慧，脸上露着甜蜜而温柔的微笑"——中国《光明日报》驻罗马的中国记者这样描写丽塔。

丽塔 1909 年 4 月 22 日生于意大利都灵一个犹太家庭，为了当医生的理想，她发誓终身不嫁。历经磨难，她于二战结束后应聘到美国华盛顿大学工作，不久加入美国籍。她在那里一边教学一边研究。进入 20 世纪 50 年代，丽塔和科恩几乎同时发现，动物在受伤以后，会用舌头舔伤口，而伤口接着便很快愈合。于是他们从分析动物的这一行为入手，于 1951 年从小白鼠的唾液中分离出两种物质：一种物质能促进动物皮肤表皮细胞的生长发育；另一种

物质则能促进神经细胞生长发育，被称作神经生长基因（NGF）。他们还于1953年成功地分离出这种大脑和神经系统的蛋白，揭示出神经生长和演变规律，并因此获诺贝尔奖。

然而，这个20世纪50年代初的发现为何在事隔30多年后，才得到诺贝尔评奖委员会的垂青呢？为什么已退休闲居家中多年的丽塔突然间又名声大噪呢？人们百思不得其解。

1995年8月，瑞典《每日新闻》发表一篇长文，终于揭开了这个谜底。原来，丽塔的奖是用钱买来的，出钱的是她所属的意大利菲迪亚医药公司。

那么，这一秘密又是如何暴露出来的呢？

原来，在1995年意大利反黑手党的"净手"行动中，药品局局长普修里尼被罢了官，他在预审法庭上供出了其中的内情：1986年诺贝尔生理学和医学奖的评选同意大利的菲迪亚医药公司有不寻常的联系。

据普修里尼交代，1986年诺贝尔奖颁发后，菲迪亚医药公司总经理戴维·瓦勒曾向他透露，是该公司出资2000多万马克（一说数千万瑞典克朗）"买下"这项科学桂冠的。他们出钱帮助丽塔得奖，自己也获得了巨额的利润。

那么，丽塔又是如何"如愿以偿"的呢？菲迪亚医药公司又怎能获得巨额利润呢？

在20世纪80年代初，菲迪亚医药公司负责科研的经理格里奥建议，丽塔的前述发现有助于公司新药的开发，公司应大力支持她。于是，公司便有意识地开展了一系列幕后台前的交易活动。其一是拉拢瑞典有关评奖的教授，包括在卡罗琳医学院（生理学和医学奖的评定、颁发机构）的评奖委员会任要职的教授。例如，给卡罗琳医学院评委会委员、世界神经医学权威福马斯·霍克菲尔特在美国的私人账户汇去5000美元，名曰"赞助"，请霍氏夫妇免费去马德里旅游。果然，"付出总有回报"：在投票时，霍氏投下了使丽塔得奖的关键的一票。其二是，公司给"相关"人物以诱人的头衔，邀请他们与前生理学和医学奖得主参加以丽塔为首的学术研讨会，争取他们为丽塔提名，让已退休的丽塔继续"研究"，多次举办医学讲座会，让她和公司都扬名四海。

公司的一切前述动作都有一个明确的极终目标——钱。那钱从哪里来呢？

钱从卖药来，而药要卖得出去，就要有知名度。因此，公司使出浑身解数，不择手段，花钱把丽塔与药绑在一起，推上科学界最高的奖台，也就不足为奇了。

那么，公司卖的什么药，又怎么与丽塔绑在一起呢？

原来，公司竭力要卖的是一种名叫"克罗纳西"的、与前述丽塔和科恩的发现有关的新药，是一种牛脑提取物和一种钠盐的合成物，据称可以治疗和修补受伤的神经组织。这种药没有在患者身上做过认真的试验，更不用说用于临床。人们对其疗效表示怀疑，因而进不了大部分欧洲和美国市场，只能在意大利国内、西班牙、葡萄牙、希腊等少数国家小量销售，但其利润却占该公司经营额的80%。于是，瓦勒突发奇想，使出"妙招高招"：借助诺贝尔奖的神圣光环。于是有了前面的一幕幕丑剧。

丽塔获得了迟到的荣誉后，公司声名鹊起，医学界对"克罗纳西"的怀疑也就自然减少，于是这种药品热销世界市场。到了20世纪80年代末，公司经营额翻了一番。

可是，好景不长。热销的药并没有发现确切的疗效。医学家终于经过实验证实，"克罗纳西"并不能治疗神经损伤。德国首先宣布禁止进口该药。进入20世纪90年代，欧洲其他国家也相继停售此药。意大利当局在1993年也最终裁定它没有疗效，并禁止产销。几个月之后，菲迪亚公司宣告倒闭，接着便被国家接收，而公司总经理也因贿赂罪成为阶下囚。

菲迪亚公司花钱买奖售假药一事被披露以后，世人哗然。但诺贝尔评奖委员会主席斯顿·吉利纳尔却坚决否认此事。他说："这种指责毫无根据。虽然菲迪亚公司支持神经医药研究，也包括支持瑞典的研究人员，但这不能同诺贝尔奖扯到一起。"不过，他的这一辩解显然苍白无力，随着1999年初暴露的、此前国际奥委会一些委员因受贿改变2000年奥运会举办地的投票表决一事，人们更相信这一点。

丽塔在华盛顿大学时，曾和中国著名细胞生物学家薛杜普一起学习，都是著名胚胎学家维克托·汉布格教授最青睐的门生，一辈子献身医学，成就卓著。但为了金钱、名誉搞前述活动，使"晚节不保"，令人叹息。此时，我们回忆起崇高的古希腊科学精神——不为名利献身的科学的精神，它在讲究功利的世界上更显得难能可贵。

失误的讣告

1993 年，美国作家詹姆斯·W·摩尔在《抓住那一瞬间》一书中，披露了设立诺贝尔和平奖的秘闻。

瑞典诺贝尔发明硝化甘油等炸药成名后，发生了一件奇怪的事情：在他哥哥死的时候，当时报纸不知怎么搞的，偶然搞混而错发了诺贝尔的讣告，而不是他哥哥的讣告。

诺贝尔读到这一失误的讣告时，心里难受极了，充满了深深的犯罪感：讣告里提到他曾发明一种战争用的东西，这种东西导致大量人员的死亡和物体的破坏，给人类带来了深重的灾难。看完这则讣告后，他坐卧不安，心潮难平。他反省了自己发明炸药的动机是用于开发矿山、炸通隧道等，是造福于人类的，并非想用于战争，残害生灵，破坏和平。但事与愿违，科学家的发明却被战争贩子用于摧残人类和平。这血淋淋的现实使他心如刀绞，痛苦万分。于是他怀着一种深深的悔罪感，在遗嘱中阐明设立一个以促进世界和平为宗旨的奖，这就是众所周知的诺贝尔和平奖——当时所有奖项中惟一不是自然科学奖的奖项。

对国王也不"优待"

　　亚历山大大帝在公元前 323 年去世以后，辽阔的马其顿帝国一分为三，其中包括埃及的一位在亚历山大的多才多艺的将军，他不久就取得了这一地区的政权。这位将军就是索特尔·托勒密（Soter Ptolemy）王。

　　在托勒密王时代，他的疆域里有一位著名的数学家叫欧几里得（约公元前 330 ~ 前 275）。提起欧几里得，学过平面几何的人都知道他的《几何原本》。爱因斯坦说，它使"世界第一次目睹了一个逻辑体系的奇迹"；它使它之前的同类作品黯然失色而被它迅速、彻底取代，成为 2000 多年来支配着几何学的教科书。世界各地用各种文字出版了他的多种版本，注释诠解性文章更是不计其数，其流传之广、影响之深，不亚于基督教的经典——《圣经》。接下来就是这位埃及国王、亚历山大里亚大学的创始人托勒密向欧几里得学习几何学而光顾这所大学的故事。

　　这所大学是托勒密王在公元前约 300 年开办的，地点位于距尼罗河口仅约十来公里的首都——亚历山大里亚。欧几里得就是在这里供职并编纂他的不朽名作《几何原本》的。

　　学了一段时间的几何学，托勒密王发觉这门学问是很难学的。于是有一天他问他的老师欧几里得："学习几何有没有捷径？"欧几里得回答说："陛下，在现实世界有两种道路，一种是供普通人走的，另一种供国王走。但是，在几何学中却没有专供国王走的路。"这句话，后来被人们浓缩、提炼为"几何学无王者之路"，而且被推广为"求知无坦途"，成为传诵千古的学习箴言。更推而广之，"科学上没有平坦的大道"（钱三强）。

　　是的，求知无坦途，"只有在那崎岖小路的攀登上不畏劳苦的人，才有希望达到光辉的顶点"。现在人们谈论着减轻学生学习负担，提倡愉快教育，这无疑是很好的，但是，这里须警惕两种倾向。一种是降低学习必要知识和能

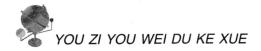

力的广度和深度，因为这将使学生成为"贫血儿"。二是以为可以轻松获得一切所需知识和技能。没有"苦舟"是渡不过"学海"的。

托勒密王和欧几里得的问答，人们是怎么知道的呢？

原来，古希腊著名哲学家柏拉图（公元前 427 ~ 前 347）在约前 387 年的时候，漫游四海后返回雅典，在雅典一个叫阿开德米（Academy）的地方办了一所高等学校——柏拉图学园。现在，有的国家把高等学院称作"阿开德米"，就是起源于此。这一学园的一则趣闻轶事是，大门上写着："不学几何的人，请勿入内！"到了约 450 年，这所学园的老师普罗克洛斯（约 412 ~ 485）为欧几里得的《几何原本》第一卷作了注释，写了一篇《几何学发展概要》，人们常称为《普罗克洛斯概要》。此文描述了从"数学之父"、古希腊泰勒斯（约公元前 624 ~ 约前 547）到欧几里得之间主要数学家的事迹，其中就记载着托勒密王和欧几里得的问答这则轶闻趣事。

不过，这句箴言的来历还有另外一种说法。在柏拉图学园内有一个叫梅内克缪斯（约公元前 375—约前 325）的古希腊数学家，他也当过托勒密王的老师，因而上述对话出自于这对师生之间。这种说法记载于古希腊晚期作家斯托比亚斯的著作之中。

其实，究竟是哪种说法属实并不重要，重要的是，我们应牢记"求知无坦途"、"科学没有平坦的大道"这些金玉良言，才会不图安逸、蔑视懒惰；不懈地求知、艰苦地创业，最终实现人生的价值、取得事业的成功。

好马也吃回头草

在许多科幻电影中，未来人使用的武器发出的都是一道道灼热的光束，光束所击中的地方，目标熔化、爆炸。其实这种威力极强的光束的原型，就是我们现实生活中的激光。

激光是一种奇特的光，它的全称应该是"受激辐射光放大"。激光，顾名思义，它是受激以后才发生的光，而普通的光都是自发光。激光"组织纪律"性强，没有命令，绝不发光。激光具有"团队精神"，它发出的光"步调一致"，全都朝着一个方向，也就是说激光可以成为"束"朝着一个方向，以一个波长发射能量，这也是激光与普通光的区别。普通光都是普照的，就连太阳系最大的光源——太阳，都以它的阳光普照着大地万物。激光另外的特点就是它的亮度大，颜色纯，射程远。这些基本特性，决定了激光与普通光有着完全不同的用途。

发现激光的第一人是美国的物理学家梅曼。

当时的梅曼还是一个名不见经传的年轻人。他早年研究过原子、分子光谱，这为他以后试制激光器奠定了良好的理论基础。后来，他又研究红宝石激波激射器，并有了成功的实践。这些都对他日后的成功打下了基础。但他的成功同样离不开他的高尚品格——探索精神和敢于向权威的挑战。

梅曼从 1959 年 8 月才转到激光的研究上来，当时美国的无线电物理学家汤斯和肖洛已经研究相关课题近 10 年，并刚刚在《物理学评论》上发表了著名的文章，认为红宝石不容易实现"受激发射"。

与此同时，苏联科学院列别捷夫物理研究所的科学家们也提出了类似的看法。面对国内、国际著名的专家、学者提出的设想与方案，梅曼参与了这场激烈的竞争。

但是梅曼还是给红宝石建立起了解析模型并加以计算，不过计算结果表明，用红宝石作为材料将很难工作。随后梅曼开始试用多种其他材料，但结果都不理想。而后，他又重新转向对红宝石的研究，他希望以红宝石为样品，寻找出相应的材料，这种材料应该具有红宝石一样的优点：结构简单，结实耐用，此外还必须具备量子效应高的条件，因为量子效应低是红宝石作为激光材料的致命缺点。

对红宝石的深入研究很快使梅曼打消了另外再找其他材料的想法。他发现：含铬量合适的红宝石可以成为产生激光的最合适的材料。经过实验证明，以强光照射含铬量 0.05% 的红宝石，竟使得发光时的效应高达权威们原来试验结果的 70 倍。幸亏他当初又回过头来研究红宝石，否则激光器的发明又要推迟了。看来，好马也需要吃回头草。梅曼解决了一个划时代的问题，迎来了胜利的曙光。

在成功的喜悦中，梅曼对自己的实验装置作了进一步改善。他把一根长 1.90 厘米、半径为 0.95 厘米的红宝石圆柱体两端磨平后镀上银，放在螺旋形氙闪光灯中心，然后逐渐增强氙闪光灯的强度。当红宝石受到强光照射时，突然发射出一束深红色的光，它的亮度达到太阳表面亮度的 4 倍，这就是激光！

1960 年美国研制成功世界上第一台红宝石激光器，我国于 1961 年研制成第一台红宝石激光器。从此，各种类型的激光器如雨后春笋，纷纷出现。激光与激光器的问世标志着人们掌握和利用光进入了一个新的阶段。从此，激光器的种类不断增多，性能不断完善，应用领域越来越广，在许多领域中激光还成了独领风骚的角色。

激光的亮度极强，是当今世界上最亮的人造光源。激光的方向性极好，发射角极小，几乎只沿着一个方向传播，所以激光能射得很远。它从地球射到月球 40 万公里的路程其光斑直径不超过两百米，这是其他光源绝对无法比拟的。

由于激光具备上述特点，它的用途十分广泛。激光在工业上可以作为热源对各种材料进行切割、钻孔等一系列处理。还能对长度、转速等进行精确测量。激光雷达还可以测量云层厚度和监测大气污染。在医学上，激光作为手术刀在眼科治疗、肿瘤切除方面得到了广泛的应用。

军事领域更是激光大显身手的舞台，当今最闻名的激光武器就要数激光制导炸弹了。

第一代激光制导炸弹名叫"宝石风暴激光制导子母弹"。炸弹上的"寻的头"可自动跟踪目标指示器射向目标并反射回来的激光束，炸弹通过追踪激光束精确攻击预定目标。第二代激光制导炸弹改进了制导和控制，并增大了导弹的航程。现在，激光制导炸弹已发展到第三代——"宝石路"激光制导炸弹，射程更远、精度更高、低空远距攻击能力更强。海湾战争中，激光制导炸弹大显神威，导弹像长了眼睛，准确击中各类目标，有的甚至钻入建筑物的门窗、通风口摧毁整个目标。

当然，激光在军事领域的应用决不只是"制导"。随着激光集注的发展，激光测距、激光雷达、邀光制导炸弹导弹、激光眩目致盲武器早已引起人们的极大关注。军事专家认为，未来空间、星际战争的主要武器都是激光武器。不要多久，科幻电影中和其他作品中所描述的场景，就会变成人类生活中的现实。

当然，激光最伟大的功绩还是为现代通讯技术打开了一条广阔的道路，它无愧为"现代化通讯员"的称号。

投机取巧也成功

1975 年，美国密执安大学园艺教授里斯，在研究苜蓿的肥效时，偶然发现了三十烷醇对植物生长具有奇特的促进作用。

有一次，里斯带领学生到试验田里种植西红柿。他们用切碎的苜蓿茎叶做基肥，按照教授的要求，每顷地里应该施苜蓿肥 117 公斤。许多学生都严格按照老师的要求，耐心细致地劳作。可是，有一位学生平时总是马马虎虎，做事不大认真。这回他为图省事，投机取巧，每公顷地里只施了 11.7 公斤苜蓿肥。

然而，在收获时，施苜蓿 11.7 公斤的土地和其他施苜蓿 117 公斤土地相比，每公顷都增产 1 吨西红柿。这时，那个不听话的学生喜出望外，因为他一直担心自己施肥的那些地会减产。于是，这位学生便向老师认了错，说出当时的实际情况。这下子引起了里斯的怀疑："怎么会出现这种怪事呢？"

为了弄清其中的奥秘，他着手分析了苜蓿中各种化学成分，并进行了认真的研究，结果一无所获。后来经过那位学生的认真回忆，才想起他将一瓶三十烷醇洒到了他施用的苜蓿肥上。"难道三十烷醇对西红柿的生长有作用？"于是，他又分析苜蓿的化学成分，结果发现了一种白色鳞片状结晶物质。里斯教授通过现代化手段弄清了它的结构，原来也是普通的三十烷醇。三十烷

醇是一种普通的有机化合物，早在 42 年前就已被人们发现，人们一直把它作为一种化学试剂，陈列在试剂商店的货架上，没有任何人想到它对植物的生长会有这样奇异的作用。

里斯的这一偶然发现，使这种 42 年默默无闻的化合物一鸣惊人。三十烷醇经过了

42 年的漫长岁月，它的特殊才华才被发现，真可谓是"大器晚成"的化合物！三十烷醇是一种无毒的植物生长激素，广泛地存在于苜蓿、草莓、向日葵等植物中，各种石蜡和褐煤中都含有一定数量的三十烷醇。它化学合成简便，具有投资少、效率高等优点，是提高水稻、麦类、玉米、大豆、甘蔗、花生、胡萝卜、黄瓜、莴苣、蘑菇等多种作物产量的灵丹妙药。1 克三十烷醇可喷施 13 ~ 34 公顷农作物，用量极微，收效甚大，真不愧为是"植物增长剂"！

落水的老鼠

20 世纪 30 年代，国外化学家试图以合成的组氨酸钴络合物代替天然红细胞，制造人造血液，于是研究工作一直进展迟缓。

1966 年的一天，在美国科学家克拉克的医药研究实验室里，一只实验用的老鼠突然从笼子里逃出，克拉克急忙捕捉。老鼠惊慌失措，四处逃窜，最后跌入一只装有氟碳化合物的容器之中。见此情景，克拉克又气又恨。为了不影响实验，他急忙去捞老鼠。他气得双手发抖，捞了半天，才将老鼠取出。他以为捞上来的老鼠一定会淹死。然而，当他将老鼠捞出后，那只老鼠抖了抖身上的水，迅速逃跑了。克拉克大为惊讶，为什么老鼠淹不死呢？

克拉克暂时停止手中的实验，转移到研究这种氟碳化合物溶液的功效上来。经过实验分析，他终于找到了老鼠不死的原因。原来，那种叫做三氟丁基四氢呋喃的氟碳化合物溶液，含氧能力特别高，大约是水的 20 倍。

这一发现，在克拉克看来并非重要，只是找到了老鼠没有被淹死的原因罢了。可是，它被生物学家和医学家得知后，却如鱼得水，派上了重要的用场。

次年，科学家斯洛维特运用克拉克的这一发现，给离体的大鼠脑灌流氟碳化合物乳剂，使之在离体后存活了一段时间。又一位美国科学家盖耶用全氟三丁胺乳剂，置换了一只大鼠的全部血液，使大鼠在纯氧条件下存活了 8 小时，首次创造了无血的哺乳动物存活的最长时间。此后，克拉克用氟碳化合物乳剂替换了狗的 90% 的血液，结果这只狗长期存活下来，未见有异常变化。大量实验证明，氟碳化合物乳剂在血液循环中，确实可以起到红细胞的作用。

当时正在欧洲旅行的日本医生内藤良一，闻讯后专程去美国拜访了克拉克。回国后，他和大阪的同事们开始研究人造血液。经过数百次试验，他们

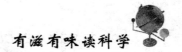

在 1978 年试制成功了一种氟碳乳剂。为了验证这种乳剂的无害性，内藤在自己身上用了 50 毫升，其他 10 位同事也做了同样的试验，结果均未发现不良影响。

1979 年，氟碳化合物乳剂作为人造血液首次在日本问世，临床应用取得成功。这种人造血液呈白色，看上去不像血液，是一种具有携氧性能的氟碳化合物全氟萘烷和全氟三丙胺的混合物。将它注入失血的人体内，可以代替部分血液，维持生命活动。使用人造血液可以不受血型的限制，人人可用，还可以在制药厂大批量生产，而且能够保存三年，输氧力比真血高两倍。它不仅可以作为一般失血的输注，还可以治疗一些血液性疾病，像再生障碍性贫血、一氧化碳中毒等，因而人们称它为"血液病患者的希望"。

人造血液的研究和临床应用的成功，是当今医学科学的一个新飞跃，也是有机化学应用于医学的生动体现。我国人造血液的研究，是从 1975 年开始的，1980 年 6 月 19 日在上海临床应用也获得了成功。目前人造血液已在世界各地广泛使用。

阴错阳差的诺贝尔奖

诺贝尔奖在科学界赫赫有名，人们都知道它是科学上最高的奖赏。然而，它也有轰动世界的错发事故，而这次错发当然也使另一位伟大的科学家与诺贝尔奖失之交臂。

1893年2月，曾在氯化学以及发明和应用高温电炉方面作出过重大贡献的法国化学家莫瓦桑，向科学界和新闻界报告了一项重大科学成果：他和助手共同努力，制成了世界上第一颗人造金刚石，终于实现了人们梦寐以求的将平凡的石墨转化为昂贵的金刚石的夙愿，从而打通了"点石成金"的道路。

当时，虽然人们已经知道，金刚石是在地壳深部高温高压下，由无定形碳变化而成，但许多人试验合成金刚石都未获得成功。这回听说莫瓦桑合成了人造金刚石，无不震惊。这一"成果"轰动了整个科学界，人们为之振奋，莫瓦桑本人更是兴高采烈，陶醉在"成功"的喜悦之中。

1906年，在诺贝尔的故乡瑞典举行的一年一度的诺贝尔奖评选中，莫瓦桑靠这一"成果"，以一票优势战胜了化学元素周期律的创始人俄国化学家门捷列夫，获得了该年度的诺贝尔化学奖。

第二年，莫瓦桑因病去世，人们期望他的发现能尽快转化为实用的生产技术。因此，一些人便按照莫瓦桑的设计去重复试验。但是尽管人们严格按照莫瓦桑的设计去做了许多次，却从未获得成功。于是，人们开始对莫瓦桑的"成果"产生怀疑。

后来，莫瓦桑的遗孀终于良心发现，如实揭穿了其中的秘密。原来，莫瓦桑的人造金刚石是假的。导演这场闹剧的是莫瓦桑的助手。这是一个对科学研究缺乏毅力和信心的人，在无休止的、繁重的重复实验中，他感到极端的厌倦和烦恼，于是就偷偷地把过去实验剩下来的一颗天然金刚石颗粒混入实验材料中，而莫瓦桑还以为他真的以人工方法造出了钻石呢！

多么可怜的莫瓦桑，九泉之下，他哪儿知道自己受了骗，更不知道以他响亮的名字蒙骗了世人。不幸的不仅是莫瓦桑本人，当然还有门捷列夫。门捷列夫发现了化学元素周期律，并因此给化学学科研究带来了一场深刻的革命性变化。他的丰功伟绩本可以得到世界上最权威的奖赏，但是他的这项权利竟被莫瓦桑的助手以这种令人不齿的方式剥夺了。这次意外，不仅给门捷列夫的成就造成了巨大损失，而且还给金碧辉煌的诺贝尔领奖台抹了黑！

戴维的牙痛

18 世纪的最后三个年头，在现代医学麻醉术发展史上，曾出现过一件有趣的事情：

戴维这位鼎鼎有名的英国大化学家，向医学界推荐了一种鲜为人知的麻醉药。有一次，一连几天戴维被牙痛折磨得难以忍受。这天，当他来到一间化学实验室里，奇迹发生了：戴维的牙痛消失了。他感到惊讶，这是怎么回事呀？

当他走出实验室时，阵阵牙痛又"东山再起"。

于是他重新走进这间实验室，牙痛又消失了。毫无疑问，这间实验室里的某种化学物品具有神奇的止痛作用。他开始审视这间屋子，屋子里的确弥漫着一种化学气体。

"氧化亚氮？"屋子里几乎所有的人都高兴地叫出声来。

戴维不愧是有科学头脑的学者，他又细心地反复进出这间屋子好几次，而且将氧化亚氮这种化学物品止牙痛的效果与过程，详细地一一记录下来，并郑重其事地向医学界推荐，建议在外科手术中用来麻醉止痛。

但是这个建议并没有人重视。氧化亚氮这个麻醉剂失去了一次崭露头角的机会，仅仅"昙花一现"，便被遗忘了。

氧化亚氮在沉默了整整 40 年以后，不知什么缘故，阴差阳错地却被一位美国化学家考尔顿重新注意到。他发现这种化学物品被人吸入后，开始人会出现一阵子莫名其妙的兴奋，甚至哈哈大笑，不能自控，随即又会让人昏昏欲睡，所以他把氧化亚氮称为"笑气"。考尔顿的研究重点偏离了正确方向。他认为与其说它有止痛麻醉作用，倒不如说它具有出众的"催眠作用"。恰恰在当时的美国社会上大力推崇所谓的催眠术。

考尔顿来劲了，他想借助氧化亚氮发笔小财。1844 年 11 月，他开始了这项别出心裁的经营。

考尔顿携带着氧化亚氮，风尘仆仆地来到美国东北部的哈特福德城，贴上不少五彩缤纷的宣传广告。上面写着诱人的话语：

"你想解除忧伤与烦恼吗？来深深地吸上几口笑气吧！"

"你想舒舒服服地睡上一觉吗？笑气可以帮助您！"

考尔顿对围观的人们笑嘻嘻地说道："笑气吸入后先是感到愉快，然后便会发笑，最后将会进入梦乡，但绝对没有生命危险……"

考尔顿滔滔不绝地演说，可还是没有人敢吸。后来，终于有一位名叫库利的年轻人蠢蠢欲动了，他鼓足了勇气，决定试一试。他把鼻子凑到瓶口，连吸了几口"笑气"之后，就像喝醉了酒一样，异常兴奋，手舞足蹈，胡说八道，到处追逐别人。人们一下子惊慌起来，四处奔逃。库利在又跑又跳中被椅子绊倒，腿部撞伤，皮开肉绽，鲜血直流，可是他的脸上没有一点痛苦的表情……最后只剩下一个观众了，他目不转睛地盯着库利。这位观众便是细心的牙科医生威尔斯。他看在眼里记在心上。库利吸入笑气后的情景给他划了个大问号："库利的腿部受了严重的外伤，怎么没有痛苦的表情呢？莫非与吸入笑气有关？"当时威尔斯正在到处寻找拔牙止痛的药物，于是，他连忙询问库利吸入笑气后的感觉，又向化学家考尔顿要了笑气，决定在自己身上试一试。他吸入笑气后，让助手给他拔牙，获得了成功。从此，威尔斯利用笑气麻醉后拔牙的消息很快传遍哈尔福特。

1845 年 1 月，威尔斯到波士顿麻省总医院公开表演笑气麻醉。由于笑气用量太小，手术中病人痛得喊叫起来，挣扎着跑掉了。表演失败了，威尔斯被当作骗子赶出了医院。

后来，威尔斯的年轻助手莫顿从失败中得到启迪，他认为笑气麻醉作用较弱，必须寻找更加强有力的麻醉药物，后来他从化学家那里发现乙醚，并最终获得了成功。

盗窃案的启示

1829 年 9 月 7 日，德国卓越的化学家奥古斯特·凯库勒（1829～1896）在达姆施塔特诞生了。凯库勒原来的理想是成为一名优秀的建筑师，曾入吉森大学学习建筑。然而，在吉森大学读书期间，一次偶然的开庭审判，改变了凯库勒的人生道路，使他成为一名闻名于世的化学家。

1847 年，18 岁的凯库勒从出生地达姆施塔特市考入了吉森大学。

在吉森大学，凯库勒第一次听到尤斯图斯·李比希的名字，大学生们对李比希教授无比尊敬、钦佩。同学们多次劝凯库勒去听李比希教授的化学课，他都没有去，因为他对化学毫无兴趣。此时，他正期待修建比哥特式和巴洛克式风格还要别致的新型建筑。

这时，轰动一时的赫尔利茨伯爵夫人案件发生了。

案件是这样的：赫尔利茨伯爵夫人有一只名贵的宝石戒指，戒指上镶嵌着两条缠绕在一起的蛇，一条是赤金的，一条是白金的，异常精美。伯爵夫人的仆人偷去戒指，伯爵夫人告到法庭，仆人坚持说这枚戒指原是他的，而且早在 1805 年就归他所有了。

法庭无法决断，于是请著名化学家李比希帮助断案。李比希测定了戒指的金属成分后，当庭用平和、坚定的语气说："白金就是金属铂，1819 年起才用于首饰业，罪犯硬说 1805 年就拥有这枚戒指，显然是谎话。"

确凿的实验结论，迫使罪犯供认了盗窃戒指的事实。戒指案轰动一时，人们无不佩服李比希教授的渊博学识。

凯库勒出于好奇，也旁听了法庭的审判。耳听为虚，眼见为实，凯库勒终于忍不住去听了李比希教授的课。课堂上，李比希在教学过程中贯穿着巧妙的幽默，其中不仅包括丰富的化学知识，而且还介绍了与化学有关的多种学科的知识，如生物学、农学、哲学等方面的知识，从而引起了凯库勒的极

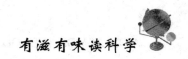

大兴趣。

他为李比希精深的化学知识所折服。这位世界闻名的教授，给他留下了难以忘怀的印象，化学如同磁石一般愈来愈强烈地吸引着他。听过一堂化学课之后，凯库勒就决定经常去听李比希的课程。从此对化学的兴趣一发不可收拾。不久，凯库勒说服了亲友们，打定主意抛开建筑学，转而研究化学。经过10年的刻苦努力，终于成为有机化学现代结构理论的奠基人。

人们可能会惋惜建筑界失去了一位优秀的设计师，但是抛开建筑学的凯库勒，要为有机化学结构理论建筑一座精美的大厦！

1849年秋天，经过艰辛的努力，凯库勒终于以优异的成绩，跨进了李比希的化学实验室。在吉森大学，这是一种莫大的荣誉。

凯库勒投身化学的时期，正是有机化学成为化学研究主流的时期。但在1850～1858年期间，有机化学处在比较混乱的状态。当时，化学家们发现了有机化合物大量存在的事实，也合成出许多有机化合物。丰富的有机化学知识，为人类打开了新世界的大门。但是，当时有机化学家们基本上是在盲目探索中前进，不像无机化学那样有道尔顿原子论的理论为指导。

虽然某些化学家已提出一些概念，列出了一些结构式，但多属不真实的假设。多数化学家不能理解为什么有机化合物中竟能集合那么多碳原子。没有或缺乏理论指导的实践，必然是盲目、混乱的，凯库勒看到的有机化学研究正是这样的情形。为了描述醋酸的结构，人们使用了19种表达方式，各种观点矛盾对立，奇谈怪论到处流传，有机化学界一片混乱。

经过10年刻苦钻研的凯库勒，已经在化学各个领域中颇有建树，成为一位优秀的化学家了。1859年春，凯库勒担任了根特大学的化学教师。他在根特化学实验室集中研究了有机化合物的主干——碳链问题。人们知道，自然界中的碳原子，不像其他无机元素那样单个的组成物质分子，而是在碳原子之间形成手拉手似的碳链。短的链有几个碳原子，长的链有成百上千个碳原子。通过醋酸的氯化研究，凯库勒认识到，碳链的化学反应中是不变的，牢固稳定的。他用醋酸、琥珀酸、富马酸及顺丁烯二酸等有机化合物，进行了一系列实验研究。

凯库勒不仅表述了碳链的见解，而且还提出了有机化合物的结构理论。

他以碳四价为核心，建立起碳链结构理论。后来，经过俄国著名化学家布特列洛夫的发展与完善，成为经典的有机化合物的结构理论。

在根特大学向学生进行系统化学教学时，凯库勒感到应该编写一本有机化学的新教科书。在搜集资料过程中，凯库勒深深地感到了化学界理论上的混乱。为了提高化学家的理论统一性，他于1859年秋来到卡尔斯鲁厄。

凯库勒和卡尔斯鲁厄高等工业学校的化学教授卡尔·魏尔青一起讨论关于召开世界化学家会议的想法。和凯库勒一样深有同感的不仅有魏尔青教授，45名欧洲各国著名化学家也曾经联合呼吁，召开一次国际化学家大会，解决化学家们在化学价、元素符号、原子和分子概念等方面的问题。凯库勒的想法得到了世界化学界的响应。

经过凯库勒、魏尔青、武兹和霍夫曼等化学家耐心细致的组织，第一届世界化学家大会于1860年9月3日在德国卡尔斯鲁厄城召开。来自十几个国家的150位化学家汇集卡城，讨论化学理论发展中迫切需要解决的问题，这在世界科学发展史上还是首次。

卡尔斯鲁厄会议几乎解决了所有无机化学中存在着的混乱问题，但是对于凯库勒魂牵梦绕的有机化学结构问题作用却不大。化学家会议虽然很成功，但是凯库勒却不满意。因为会议的中心人物竟然不是会议发起人凯库勒，而是意大利化学家康尼查罗。

康尼查罗复活了他的同胞阿伏伽德罗的分子假说，使无机化学达到了系统化、明晰化的程度，赢得了化学界的好评。凯库勒提出的问题，却被化学家们淡忘了。凯库勒的科学探索太超前于时代了。当绝大多数化学家为无机化学所困扰时，凯库勒却着手解决比无机化学更为复杂的有机化学问题，所以未能引起众人的兴趣。

无机化学因卡尔斯鲁厄会议收获累累，但凯库勒的问题仍然没有解决。不久苯的结构问题又一次叫凯库勒为难了。

苯是一种重要的有机化合物，自从法拉第从煤焦油中分离出来以后，一直没有人予以深入研究。后来，化学家们研究苯的化学性质，又使有机化学结构理论处在风雨飘摇之中，实验和理论矛盾引起了凯库勒的思索。

所有其他简单有机物的化学实验都显示，碳在有机化学反应中呈链状结构，这一点本来已经是确定无疑的，可是突然之间冒出来一个"怪"苯。它的实验显示链状结构理论是"错误"的，那么，错误在哪里？

凯库勒精心研究了苯，苯的6个碳原子应该形成一条链呀！但是化学反应实验却不是以人们的意志为转移的。苯的6个碳原子和6个氢原子是如何排列的呢？面对苯实验的挑战，有的化学家退却了，宣布应该放弃以前的碳链学说。凯库勒却坚持认为碳链理论是建立在以往实验的基础上，不能轻易抛弃，要在更深的一个层次上理解它。

凯库勒提出几十种苯结构的碳原子排列法，但是经过仔细推敲之后，他又都放弃了。碳链理论正确，凯库勒坚信这一点，但是，它无法解释苯的化学性质等问题。

一天，他搁下一叠厚厚的手稿，把安乐椅移近壁炉，火光像春天的暖流一样抚遍了凯库勒的全身，使他感到了惬意和舒适。是啊，凯库勒太疲倦了，这位科学家朦胧地入睡了。梦境中的凯库勒还在工作着，他看到6个碳原子像蛇一样连成了一条链子，弯弯曲曲地蠕动，忽而又跳起奇形怪状的蛇舞来了。一会儿，他又看到李比希在赫尔利茨伯爵夫人案件中那只蛇形戒指，是的，在他的手掌上就放着那只蛇缠绕的宝石戒指……

凯库勒颤动了一下，猛然醒了过来，多么荒诞无稽的梦呀！疯狂的蛇舞，环形的白金戒指。蛇，环形戒指。有了，灵感的火花一下子冲开了凯库勒的思维阻塞，平日冥思苦想的各种思路，一下子连接起来了。

碳链理论根本没有错误。苯不过是一个首尾相接的环形链子。苯的分子是个环状的碳链构成的分子，仍然是链状的！凯库勒从此把研究重心转向环状碳链的角度上去了。

当激流奔腾而来冲出狭谷的阻碍后，就会一泻千里。凯库勒就像大河之水一样，迅速地冲开了苯的结构问题。1865年1月，载有凯库勒《论芳香族化合物——苯的结构》的论文在《法国科学院通报》刊出了。科学史上又创立了一个崭新的有机化合物结构理论——环状碳链理论。

凯库勒关于苯环的理论，不仅解决了有机化学结构理论的问题，使人类进入了复杂有机化合物的研究领域，并且启迪了一代化学家。他们在研究生物大分子过程中，也采取凯库勒的环状结构思维方式，进一步将它发展成为

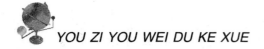

平面网状、立体网状等多种有机物质结构理论，为人类探索生命运动，研究蛋白质、核酸等大分子结构，奠定了牢固的基础。

　　凯库勒之后，有机化学结构理论得到了迅速发展，成为化学研究的主导方向。如果说，19世纪是无机化学的世纪，是小分子的世纪，那么20世纪则是有机化学的世纪，是大分子、高分子的世纪。而凯库勒正是拉开有机化学理论序幕的人。1858年他指出碳的四价构成，碳原子能相互连结形成长链的特性，1865年创立了环状碳链理论。他首先揭开了有机化合物的结构之谜，为有机化学结构理论的建立奠定了基础，从而开始了绚丽壮观的科学探索之路。他在有机化学领域的功绩，为人类探索生命运动奠定了坚实的基础。

垃圾堆里的发光物

1912 年，英国冶金学家亨利·布里尔利受英国政府军工部兵工厂的委托，研究改进步枪枪膛易磨损而引起射击不准的缺点。这个任务非他莫属。他的思路是，在普通钢铁中加入另外一种金属，以此来增加钢的硬度，使之成为一种不易磨损的适于制造枪管的合金钢。他试着将铬掺入钢中冶炼，但结果却不能如愿以偿，冶炼得到的合金仍不耐磨，他大失所望，他只好心灰意冷地把它们扔入垃圾堆中。

许多试验失败后的合金堆在那里，垃圾越堆越多。那些废钢铁日晒雨淋，日子一久，全都生锈了，连地上也留有褐色的锈迹。大家一边清除垃圾，一边为还没有制出硬度较高的钢而苦恼不已。忽然间，布里尔利发现，垃圾堆中有几块金属在闪闪发光，这在一堆锈铁中特别耀眼。仔细一看，正是那几块原来扔掉的合金。大家争先恐后地拿过来看：样子就像普通的钢嘛，可为什么它偏偏不一样呢？他很奇怪，为什么其他的金属都生锈了，只有这几块金属没有生锈呢？它们的成分组成一定有什么特别的地方。因为丢弃的东西都是乱放的，没有编码登记，他们只好将这块"奇钢"进行仔细分析，结果是：碳占 0.24%，铬占 12.8%，其余为铁。这就是著名的不锈钢。真是有心栽花花不开，无心插柳柳成荫，不锈钢就是这样被布里尔利发明出来了。

不锈钢是一类能抵抗酸、碱、盐等腐蚀作用的合金钢的总称，任何一种不锈钢都不能抵抗各种介质的腐蚀。能抵抗何种介质腐蚀，由不锈钢中的组成部分决定。常用的不锈钢有铁铬镍不锈钢和铬不锈钢两种，但具体因含量不同又可分为很多种。那种是否被磁铁吸引而鉴别不锈钢的方法是靠不住的。1915 年，布里尔利取得了这一发明的美国专利，并生产出了世界上第一把不锈钢刀具；1916 年他又取得了这一发明的英国专利；他还与莫斯勒合办了一个生产不锈钢餐刀的工厂，这种餐具很受欢迎，轰动欧洲，后来又传遍全世

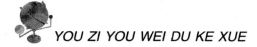

界。从此，布里尔利被尊称为"不锈钢之父"。至今各类不锈钢的产品已广泛用于各个领域。

其实，布里尔利并不是不锈钢的惟一发明者。在 20 世纪初，法国居耶和波鲁兹已经发现铁中掺有铬后的金属可抗腐蚀，但他不知道能用这种合金来做什么，没有加以利用。1912 年，美国赫莫斯也产出不锈钢制品，同时，德国舒特劳斯和毛勒发明了铁铬镍不锈钢，这和布里尔利不锈钢中金属的种类是一致的，也是至今使用最广泛的一种不锈钢。但是由于他们都没有作更深入的研究和阐述，更没有申请专利，因而与荣誉和巨大的经济利益失之交臂，令人遗憾。

炼金者的小便

布朗德曾是一位不走运的商人，早年当过兵，行过医，后来经过一位炼金家的游说，决定放弃经商从事炼金术，企图炼得一种能点石、铜、铁等为黄金的"哲人石"，进而成为亿万富翁。他变卖所有的家产，购置了一些简单的实验仪器和药品，如锡、铅、水银和硫黄等，在一间破房里架起炉子，安上风箱，动手干了起来……

锻炼点石成金的"哲人石"本是一件虚无缥缈的事，许多人都因此而误入歧途，布朗德也因此浪费了不少时光。他经过8年的艰苦努力，不仅没有炼出"哲人石"，反而耗去了他的许多资金。幸好他岳父家很有钱，经常在经济上接济他，而且他的妻子也很贤惠，不但不抱怨他，反而经常帮助他研磨药品，拉风箱烧火，不然布朗德早就半途而废了。有了这个好的环境，再加上他那实现炼出"哲人石"的梦想，就算在实验一个接着一个地失败的时候，他仍然没有死心。1669年春天，异想天开的布朗德准备从人尿中提炼一种物质以助成功。他采取先蒸馏浓缩，后过滤的方法，从大量的新鲜人尿中提取出一种黑色的粘稠状物质。然后，他把这些物质放入地窖中让其自然腐败。几个月后，他又在这些物质中加入两倍的细沙，搅匀放入曲颈瓶中干馏。经过处理后，布朗德获得了一些白色的蜡状固体，他把它们分别装在几个瓶子里备用。这时，午夜的钟声敲响了，布朗德的妻子怕他劳累过度，匆忙赶到实验室，想劝他早点休息。可是，当她打开实验室的门，一阵怪风吹进实验室，把所有的灯火都吹灭了，实验室变得一片漆黑。布朗德急忙转身准备去点灯，他突然发现，从尿中提炼出的那些白色蜡状物，发出了晶莹美丽的蓝白色亮光，闪闪烁烁地照亮了实验台和药品。与此同时，不慎撒在地上的星星点点白色蜡状物，也在闪闪发光，就像汉堡郊外古战场上的"鬼火"一样，飘飘忽忽，时明时暗。奇怪的是这些物质尽管像火一样燃烧，但并不发热，

百是一种"寒冷的火"。见此情景，夫妇二人大为震惊，立即跪倒在地，连连向"上帝"祈祷。布朗德兴奋地对妻子说："亲爱的，快感谢上帝吧！这些闪闪发光的东西是上帝赐予我们的冷火！"夫妇二人起身继续观看，越看越兴奋，越看越有趣，就这样，他们在实验室里度过了一个不眠之夜。

布朗德发现"冷火"之后，孔德尔等人也用类似的方法制出了"冷火"。由于能发出奇妙荧光的"冷火"物质炼制十分困难，当时"冷火"的价格比黄金还昂贵！所以布朗德也因此挣了不少钱。

与他同时代的英国著名化学家波义耳，听说布朗德发现了"冷火"，立即加快了他的研究。不久，他用化学方法也制出了"冷火"，同时从科学的角度对它进行了详细研究，证明了"冷火"是一种化学元素——磷。

磷是一种极易自燃的物质，汉堡郊外古战场的鬼火，以及一切野外荒山、坟地中的鬼火之类，都是由于动物（包括人）的尸体分解以后，游离出来的磷在空气中，由于它的燃点很低，在空气中就能燃烧。鬼火、冷火都是磷火。

炼金家布朗德虽然一直到死也没有炼出"哲人石"，但却意外地发现了化学元素磷。美国著名化学史家在谈到这段史实时诙谐地说："炼金术可以比作《伊索寓言》里一位老人。波义耳就是在布朗德发现'冷火'的基础上，确定了化学元素磷的。"

捣乱的花猫

1811年的一天，法国巴黎的一位药剂师兼化学家贝尔纳·库尔特瓦，正在进行一项提取实验。从海藻灰溶液中提取硝酸钾的工作，他已进行多日，但一直没有取得多大进展，他焦急万分。这天，终于有点儿眉目。可是就在这时，一只花猫突然跑来，把一瓶硫酸碰倒，恰巧这瓶硫酸全部洒在装有海藻灰溶液的盆里。库尔特瓦十分恼火：若想提取硝酸钾，只能往海藻灰溶液中倒入少许硫酸，可这次却一下子倒进去这么多！

库尔特瓦拾起装硫酸的空瓶，刚要惩罚这只令他气愤不已的花猫，却被眼前出现的景象惊呆了：只见一缕缕紫色的蒸气从盆中冉冉升起，非常美丽。见此异常的紫烟，花猫吓得不知所措，仓皇逃跑了。而库尔特瓦却被这种奇怪的蒸气吸引住了，他聚精会神地看着……忽然他想把这种蒸气搜集起来，可是，这时蒸气已经变得相当少了。他急忙搜到了一点蒸气，想看看冷却成液体后是什么东西。谁知冷却后得到的却是一种像金属一样耀眼的紫黑色晶体。库尔特瓦经过分析发现，这是一种新元素！

后来，经过 H. 戴维和 J. - L. 盖 - 吕萨克研究，正式确认库尔特瓦发现的是新元素，盖 - 吕萨克将它命名为 iodine，它来源于希腊文，原意为"紫色的"。这种紫色的元素就是碘。科学家们研究发现碘是一个很有意思的元素：碘虽然是非金属，但却闪耀着光泽；碘虽然是固体，却又很容易升华，可以不经过液态直接变为气态；人们常以为碘蒸气是紫红色的，其实不然，纯净的碘蒸气呈深蓝色，夹杂空气时才呈紫红色。碘的大部分盐类都是白色晶体。

这种新元素在大自然中很少，仅占地壳总重量的 0.000001%。可是，由于碘易升华，又到处都有它的足迹：海水中有碘，岩石中有碘，甚至连最纯净的冰洲石、从宇宙空间掉下来的陨石、人们吃的葱、海里的鱼……都有微量的碘。碘难溶于水，但能溶于酒精等有机溶剂，碘溶于酒精中可制作碘酒，

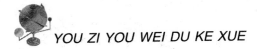

用于皮肤消毒。

　　碘的用途很广泛。它是甲状腺素必不可少的原料。碘对动植物的生命是极其重要的。海水里的碘化物和碘酸盐进入大多数海生动植物的新陈代谢循环中。在高级哺乳动物中，碘以碘化氨基酸的形式集中在甲状腺内，缺乏碘会引起甲状腺肿大。近年来，我国利用碘和钨的化合物——碘化钨制造的碘钨灯，使用寿命可达5000小时以上。

苍天捉弄阿贝尔

阿贝尔（N. H. Able）出生在一个大家庭里，家里有七个兄弟姊妹，父亲是挪威芬杜（Findod）小乡村的穷教师。阿贝尔在家里排行第二，小时和他哥哥由他父亲教导识字，小学教育基本上是由父亲教的，因为他们没有钱像其他人那样请家庭教师来教。

在 13 岁时他和哥哥被送到克里斯汀尼亚（Christinia，今奥斯陆）市的天主教学校读书。这是一间古老的学校，一些官员把孩子送到这里读书，而且有一些奖学金给没有能力交学费的同学，阿贝尔也得到了一点奖学金。

在阿贝尔进入学校时这学校已降低水准，因为这里刚成立一所新大学，大部分好的教师和有经验的教师转到大学去教书了，学校只剩下水准较差和新的教师。在最初的一二年他们兄弟成绩还算不错，而且常常获奖。可是后来教师枯燥的教学方式以及高压的教学手法，让他们兄弟十分反感，成绩也跟着下降了。哥哥更糟，患了神经衰弱症，最后不能读书，要送回家去，以后恶化起来，以致一生不能做事。

1817 年发生的一件事情，可说是阿贝尔一生的转折点。教数学的教师是一个嗜酒如命但又粗暴的家伙，对于成绩不好的学生常讥笑嘲讽，而且常体罚，有一个学生被严重打伤，最后病倒而死去。在许多人向学校当局抗议下，这位教师被解职，而由一个比阿贝尔大七岁的非常年轻的教师霍尔波伊（Bernt Michael Holmboe）代替。这名年轻的霍尔波伊的到来，使阿贝尔极大地发掘了自己的数学潜能。

霍尔波伊学过一些纯数学，而且曾当过挪威著名天文学家汉斯丁教授（Chrisoffer Hansteen）的助教，对中学数学课当然是驾轻就熟。他和以前的教师不一样，采用新颖不死板的方法教书；他采取让学生发挥独立的工作能力的教学方法，并且给一些适合他们的数学问题，鼓励他们去解决。

阿贝尔很喜欢这个新来的教师，他发现数学并不像以前那样枯燥无味，而且很高兴地能解决一些同学不能解决的问题。第一学年末，霍尔波伊在学生的报告上对阿贝尔的评语是："一个优秀的数学天才。"

阿贝尔对数学的热忱越来越高，霍尔波伊鼓励他，给他一些特别问题，而且借给他看他在大学时学习的课本。霍尔波伊后来回忆道："从这里开始阿贝尔沉迷进数学，他以惊人的热忱和高速率向这门科学进军。在短期内他学了大部分的初级数学，在他的要求下，我私人教授他高等数学。过了不久他自己读法国数学家泊松（Poisson）的作品，念德国数学家高斯（Gauss）的书，特别是拉格朗日的书。他已经开始研究几门数学分支。"

对一个 16 岁的孩子，小说和诗歌不再吸引他的兴趣了，他到图书馆只找纯数学和应用数学的书来看：牛顿的书，天文学家的书，达兰贝尔的力学的书。他把自己研究的一些东西记在一本大簿子里。这时他发现欧拉的二项式定理只证明有理数指数的情形，于是他给了对一般指数情形都成立的证明。

在学校他和同学相处很好，他并不因为教师对他的称赞而恃才傲物。由于他身体不好，脸色苍白，衣服破旧，像长期工作的裁缝，同学给他的外号是："裁缝阿贝尔"。

1823 年秋，他一举解决了用根式求解五次方程的不可能性问题。当作出这一解答时，阿贝尔觉得这个结果很重要，为了使更多人知道，他自费印刷他的论文。为了减少印刷费，他把结果紧缩成只有 6 页的小册子。然后把这些小册子分别寄给外国数学家，包括"数学王子"高斯，希望听到一些回音。可惜文章太简洁了，没有人能看懂。

阿贝尔卓越的成就，就这样被人忽略了。

大学毕业后，他申请得到了政府旅行研究资金，到德、法等国做了两年访问研究。

1826 年阿贝尔到巴黎，撰写了一篇很长的关于超越函数的数学论文，托人转交给复变函数论的创立者柯西。可是，柯西并不重视这项成果，随手丢到角落里去了。阿贝尔的这篇论文，是数学史上的一个重要发现。他天天盼望回音，可是一点音讯也没有，阿贝尔只好又回到柏林。克雷尔为他谋求教授职位，没有成功。

1827 年 5 月底，阿贝尔贫病交迫地回到克里斯汀尼亚。这时，更糟的境遇正在等待着阿贝尔。

生活对他太不公平了。无论是高斯还是柯西、泊松等大数学家，只要看过他那卓越的学术研究的人说上一句话，就会使阿贝尔摆脱贫困的窘迫，不至于英年早逝。然而，他们谁也不评论阿贝尔的学术成果。阿贝尔就这样默默无闻地生活在艰苦的境遇中，他的健康受到了严重的损害。

直到阿贝尔去世前不久，人们才认识到他的价值。1828 年，四名法国科学院院士上书给挪威国王，请他为阿贝尔提供合适的科学研究位置，勒让德也在科学院会议上对阿贝尔大加称赞。

阿贝尔回到祖国以后不久，在汉斯丁教授的推荐下，担任了一所军事学院的数学讲师，生活境遇稍有改善。

在担任数学教师期间，阿贝尔安心地研究数学理论。他在椭圆函数论方面的研究，到了可与高斯比肩的水平。他还研究和创立了超越函数的理论，推广了欧拉积分的意义，后世称其为"阿贝尔积分"。

军事学院的教书生活，并未使阿贝尔身体恢复健康。阿贝尔积劳成疾，但他还在拼命研究数学。

1829 年 4 月 6 日，不到 27 岁的阿贝尔终于离开人世，这位由一名优秀的年轻教师发现的数学奇才，就这样在科学权威们的冷漠下永远辞别了他心爱的数学。柏林大学邀请他担任教师的信件在他去世后的第二天才寄出。此后荣誉和褒奖接踵而来，1830 年他和 C. G. J. 雅可比共同获得法国科学院大奖。

阿贝尔虽然只有短暂的 26 年生命，但他取得的成果，足够以后的数学家忙碌 150 年。

"不务正业"的发明

事实上，在瓦特高效率蒸汽机问世之前，早就有很多人在研究制造蒸汽机了，如公元前720年埃及哲学家西罗，1612年法国机械师德戈，1698年萨物雷，此外还有狄赛戈里耳、纽可门等不下数十人。派朋也是其中的一人，但他研究蒸汽发动机对人类的贡献反而不及他因此发明的副产品——压力锅。

在17世纪末叶，年轻的法国医生兼物理学家和机械师丹尼·派朋正在研究蒸汽发动机。那时正值法国国王亨利四世迫害新教徒。派朋为逃脱这种迫害，就跑到了德国。在异国他乡的那种艰苦环境中，派朋仍坚持研究液体的性质。他对蒸汽锅炉的研究，引发了他对烹饪用压力锅的发明。

有一回他登上高山，所带干粮吃完了，不得不煮马铃薯充饥。他将马铃薯在滚开的水中煮了很久，以为一定煮熟了。可是他吃的时候，却发现马铃薯还是夹生的。这是怎么回事呢？

派朋抓住这一偶然现象不放，继续深入地钻研下去，终于发现了其中的秘密：大气压力和水的沸点之间存在着直接的关系。气压高时，水的沸点也高；气压低时，水的沸点也低。高山上大气稀薄，气压低，水的沸点也低，虽然水开了，但热力不足，所以马铃薯没有煮熟。

派朋进而想到：增大气压能使水的沸点升高，煮熟食物的时间一定会缩短。能否采用人工增压方法，缩短煮熟食物的时间呢？想到这里，他决定试试看。他亲自动手用金属制成一密封容器，内装一些水，外面不断加热，容器内压力不断升高。沸点果然升高了，里面的水温超过100℃才沸腾。后来，他又对这个密封容器加以改造，制成了世界上第一只高压锅，那时的人们称它为"派朋锅"或"消化锅"。

他发明的蒸煮锅是圆桶状的，上面有一个能扣紧的盖子和一个自动安全阀。这个安全阀也是派朋的发明。高压锅传到英国后，英国的贵族们举行过一次名为"加压大餐"的宴会，宴会上的食物全部用高压锅制成。出席这次宴会的约翰·伊夫林在日记中写道："不管是鱼是肉，在派朋先生的消化锅的处理下，就是最硬的骨头，也变得像乳酪一样柔软。"这件事引起了查尔斯二世国王的浓厚兴趣，让派朋亲自为他制作一个高压锅。这时的派朋倒有些发憷，因为他的高压锅缺少安全设施，弄不好就成了"炸弹"。为了防爆，派朋除了加厚锅体、锅盖外，还特地在外围装置了一个金属网罩。

1679 年，派朋又为英国皇家学会做了一次"压力锅秀"，用这种锅烹制了一些食品，建筑师 C. 雷恩觉得这些食物美味可口，建议派朋写一本小册子介绍这锅的用法和特点。派朋写道："这种锅能使又老又硬的牛、羊肉变得又嫩又软，并能保护菜和肉的香味和营养。"

1927 年，法国工程师奥蒂埃对派朋等人的研究成果进行了改进，研制出可控高压锅。实际上我们现在使用的都是类似于这种形式的压力锅。只要你稍加注意就会发现，现行压力锅的安全装置很简单——锅盖中心有一出气孔，孔上放置一个实心重锤。只要称出重锤的重量，测出出气孔的直径后，就不难算出这个压力锅的最大压力了（一个大气压相当于 1 平方厘米面积上承受1.0336 千克的压力）。

虽然这种压力锅有许多优点，但是直到二次大战期间，这种锅才在需要考虑节约问题的家庭主妇中普及起来。

1953 年，费雷德里克·莱斯居尔三兄弟对国内外 40 多种压力锅进行了一番研究的，研制出 SEB 型超压力锅。这种压力锅即使当限压阀气孔发生堵塞时也不会发生爆炸和任何危险。

现在，压力锅早已出现在千千万万个家庭的厨房中，但谁也不曾想到它却是一位年轻法国人于 300 多年前的一项"不务正业"的发明。

巧遇车祸

无论是科学家还是企业家，要想取得事业上的成功，除了需要付出艰辛的努力外，还需要对生活细致入微的观察。汽车大王福特就是这样一个有心人。

1905 年的一天，美国伊利河畔繁忙的公路上发生了一起严重的车祸：两辆汽车头尾相撞，后面又有一连串的汽车发生追尾，转眼间，公路上一片狼藉，碎玻璃、碎金属片满地皆是。

事故发生以后，现场除了警察以外，还有一个汽车厂的老板，他就是后来闻名于世的汽车大王亨利·福特。

福特为什么也急匆匆地赶来呢？原来，这位精明的老板希望从撞坏的汽车上找到一点别人的秘密。

福特仔细地搜索着每一辆撞坏的汽车。突然，他被地上一块亮晶晶的碎片吸引住了：这是从一辆法国轿车阀轴上掉下来的碎片。粗看这块碎片并没有什么特殊之处，然而，它的光亮和硬度使福特感到，其中必定隐藏着巨大的秘密。

于是，福特把碎片拣了起来，悄悄地放到了口袋准备带回去好好研究研究。

回到公司以后，福特将这块碎片送到了中心试验室，吩咐他们分析一下，看看这块碎片内究竟含有什么东西。

分析报告很快出来了，这块碎片中含有少量的金属钒；它的弹性优良，韧性很强，坚硬结实，具有很好的抗冲击和抗弯曲能力，而且不易磨损和断裂。

同时，公司情报部门送来了另一份报告，其中认为，法国人似乎是偶然使用了这块含钒的钢材，因为同类型的法国轿车上并不都使用这种钢材。

这一下，福特高兴极了。他下令立刻试制钒钢，结果确实令人满意。接着，他又忙着寻找储量丰富的钒矿，解决冶炼钒矿的技术难题，他希望早日将钒钢用在自己公司制造的汽车上，迅速占领美国乃至世界市场。

福特终于成功了。他的公司用钒钢制作汽车发动机、阀门、弹簧、传动轴、齿轮等零部件，汽车的质量大幅度提高。

几十年以后，福特汽车公司成了世界上最大的汽车生产厂之一，福特曾高兴地说："假如没有钒钢，或许就没有汽车的今天。"

战争逼出来的发明

1853～1856年，英国、法国、土耳其、撒丁王国在克里米亚和沙皇俄国进行了长期的战争。战场上人声呐喊，炮火纷飞，硝烟滚滚，双方战斗十分激烈。历史上把这次持续三年的战争叫做"克里米亚战争"，也叫做"东方战争"。战争如何激烈并不令人惊奇，因为战场上必然有流血、牺牲。在克里米亚战争的疆场上常常出现一种奇怪的现象，攻击的一方总是突然停止炮击，命令士兵退出战场待命。这是什么原因呢？士兵都在猜测这一军事秘密。其实这并非是什么军事秘密，只是作为重要武器的大炮常常发生破裂，使战斗没法继续的缘故。

大炮常常发生破裂，对于战争来说，这是个极为重要的问题。为此，英国政府责令国内的科学家，迅速解决韧性和强度较好而又能大量生产的铸炮用钢。国内的科学家以及冶金方面的专家们都在积极努力，苦心研究。这时，贝塞麦正值40岁，他专心致力于改进军事装备的研究，着重研制高效率的大炮和炮弹。为了使大炮射得更远、更准，他发明了来复线结构，然而战争需要的不是这个，前线急需的是耐用而不破裂的大炮。他不是这行的专家，纯粹是一个对冶金技术一窍不通的门外汉。可是，接到政府的命令，他不得不去探索炼钢的新方法。贝塞麦跑遍了所有的图书馆，查阅了有关冶金技术方面的资料，又去英格兰考察炼铁厂，并为自己的研究工作创办了一个实验工厂。经过研究，贝塞麦终于找到铸铁发脆的根本原因——铸铁含碳量高。为了降低铸铁的含碳量，贝塞麦开始了实验研究。

一天，贝塞麦同往常一样用鼓风箱往坩埚里送风，突然发现一块铁片粘在坩埚的边上，当他取下这块铁片时，又发现它很异常，仔细观察后，证实这是一块炼成了的钢片。怎样变成钢片的呢？经过长时期的冥思苦想和实验，他终于弄清了原因：由于吹进的氧气，才使生铁中的碳氧化而变成了钢。

连日辛苦操劳的贝塞麦病倒了。作为一位科学家，他怎么能安静地躺在病床上呢？更何况发明正处于刚有头绪的时刻。病中的贝塞麦，时刻没有忘记自己的工作。他想："应该加大氧气量……对，从坩埚底部进氧气可能最好！"他恢复健康后，按照病中的设想，创造了一个从底部吹氧并可以回转的新式炉。这种转炉是一个罐形装置，架在转体上可以侧倾装料和卸钢。铁水倒入转炉，同时加入其他物料以清除杂质。然后强烈的热风通过炉底鼓入。空气中的氧首先与锰与硅杂质化合，生成褐色氧化物烟雾而沸腾逸出，其次氧与生铁中的碳化合，生成的二氧化碳从上边排出。

1855 年 8 月 16 日，贝塞麦公开发表了他只需 15 分钟炼成纯钢的新技术；1860 年，他正式完成了享有世界声誉的"贝塞麦转炉"。这时克里米亚战争早已经结束了，贝塞麦转炉生产的钢虽未派上这场战争的用场，可是它为钢铁工业的发展立下了汗马功劳。

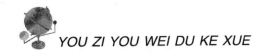

天花板上的蛛网

古希腊有三大数学难题，困扰了许多天才的头脑长达300年。这三大难题是：三角等分、化圆为方和不改变正立方体的形状，把它的体积增大两倍。一代又一代的数学家为此呕心沥血，进行毕生的探索，问题始终悬而未决。为什么呢？他们总离不开传统几何的途径，用圆规和尺子去求解难题，结果劳而无功。直到笛卡尔（1596～1650，法国哲学家、数学家、物理学家，解析几何学奠基人之一）创立了解析几何，把代数与几何结合起来，才为解决三大难题提供了科学依据。

勒内·笛卡尔于1596年3月31日生于图伦一个贵族家庭，他是17世纪法国最伟大的数学家之一。从小就聪明伶俐，勤学好问。在他8岁的时候，父亲经过多方面查询，替笛卡尔选择了当时全欧洲最著名的教会学校——拉夫雷士耶稣教会学校，开始接受正规的教育。笛卡儿因为孱弱多病，只能早晨在床上读书，由此养成了喜欢安静、善于思考的习惯。1612年，17岁的笛卡尔以优异的成绩毕业，进入普瓦捷大学攻读法学。此时，他已经在哲学和数学方面显示出了特殊的才能，并且与许多著名的学者成为了好朋友。

1617年，笛卡尔取得了普瓦捷大学法学博士学位，但他并不满足已掌握的书本知识，决心要走向社会，"去读世界这本大书"。他说："除了我能够在我自己或者'世界这本大书'里找到的科学之外，我绝不寻求别的科学……我决定研究我自己并竭尽全力来选择一条我应该遵循的道路。"于是，笛卡尔毅然到荷兰投身于奥伦治公爵的军队。

一天，他所在的部队开进了荷兰的布雷达城。无所事事的笛卡尔漫步在布雷达的大街上，忽然他看见一群人正围在一起议论纷纷，原来大街的围墙上贴出了一张几何难题悬赏的启事，能解答者获得本城最优秀的数学家的称号。好奇心驱使他将题目抄了下来。回到军营后，他开始专心致志求解这道题，经过冥思苦想和无数次运算，两天后，笛卡尔求得了答案。由此他的数学天才初露锋芒。

荷兰多特学院院长、学者毕克曼得知后，非常赏识笛卡尔的数学才华。他劝笛卡尔："你有深厚的数学基础，才思敏捷，很适合从事数学研究。结束戎马生活吧，我相信你将来会成功的。"

毕克曼院长的良好建议对他起了重大影响。虽然笛卡尔并没有离开部队，可是他从此再没有间断过对数学问题的思考。

他早在拉夫雷士耶稣教会学校读书时，就听说过古希腊几何三大难题的故事，为什么将近两千年来这一问题还不能解决呢？

那时，每当他躺在床上冥思时，总是不满意他正在学习的欧几里得的几何学，认为"它只能使人在想象力大大疲乏的情况下，去练习理解力"；也不满意当时的代数学，感到它像"一种充满混杂与晦暗、故意用来阻碍思想的艺术，而不像一门改进思想的科学"。这些深奥的数学问题，对于当时还是十几岁的孩子来说，他还来不及进行更深入的探索和思考。当离开学校迈入军营生活后，他忽然感到自己对此竟是如此地感兴趣！

笛卡尔陷入了深深的思考之中。他在认真总结前人的大量解题教训后得出了这样一个猜想：两千多年的教训，是不是说明有些作圆题按尺规作圆公式，根本就作不出来呢？圆规和直尺毕竟是一种工具，世界上是不是根本就不存在这种万能的工具呢？事实上，笛卡尔已经找到了这把开启自然宝库的钥匙，这就是代数之应用于几何，即解析几何。笛卡尔已经向几何三大难题的解决迈出了关键性的一步。

1621年他退出了军界后，与数学家迈多治等朋友云集巴黎，共同探讨数学和其他科学方面的问题。当时的法国封建专制统治和教会的势力还很强大，性格一向谨小慎微的笛卡尔，慑于法国宗教势力的淫威，于1628年移居荷兰。那里资产阶级革命已经成功，社会比较安定，思想自由，是搞学术研究的好地方。笛卡尔没有想到，这一去会长达20年之久，又是他一生中科学研究的最辉煌的时期。

他潜心于数学研究，发现两千多年来，人们在探索几何三大难题的解决时，一直在从"形"上去探求它的答案，还不曾有人怀疑这种方法的可能性。

那么能不能把"形"化为"数"来研究呢?"形"和"数"之间有没有必然的联系呢?自从来到荷兰后,这个问题,一直在困扰着他。

艰苦的脑力活动,使体质虚弱的笛卡尔病倒了。他躺在病床上,却依然在思索着数学问题。突然,他眼前一亮,原来天花板上,一只蜘蛛正忙忙碌碌地在墙角编织着蛛网。一会儿,它在天花板上爬来爬去,一会儿又顺着吐出的银丝在空中移动。随着蜘蛛的爬动,它和两面墙的距离,以及地面的距离,也不断地改动着。这一刹那,一种新的数学思想萌动了,困扰了他多年的"形"与"数"的问题,终于找到答案了。

真可谓踏破铁鞋无觅处,得来全不费工夫,性格一向很内向的笛卡尔兴奋得不顾虚弱的病体,一骨碌从床上爬起来,迫不及待地将这一瞬间的灵感描述出来。

他发现了这样的规律:如果在平面上放上任何两条相交的直线,假定这两条线互成直角,用点到两条垂直直线的距离来表示点的位置,就可以建立起点的坐标系。

就像数学中所有真正伟大的东西一样,这个发现的基本概念简单到了近乎一目了然的程度。这样应用坐标的方法,就建立了平面上点和作为坐标的数对(x,y)之间的一一对应关系,进一步构成了平面上点与平面上曲线之间的一一对应关系,从而把数学的两大形态——形与数结合了起来。不仅如此。笛卡尔还用代数方程描述几何图形,用几何图形表示代数方程的计算结果,从而创造出了用代数方法解决几何题的一门崭新学科——解析几何学。

解析几何的诞生,改变了从古希腊开始的代数与几何分离的趋向,从而推动了数学的巨大进步。17世纪以来的数学重大发展,其中包括古希腊三大几何难题的解决、微积分理论的建立等,在很大程度上应归功于笛卡尔的解析几何。

解析几何的重大贡献,还在于它恰好提供了科学家们早已迫切需要的数学工具。17世纪是资本主义迅速发展的时代,资本主义的发展,促进了天文、航海和科学技术的发展,对数学提出了新的要求。

例如,要确定船只在大海中的位置,就要确立经纬度,这就需要更精确地掌握天体运行的规律;要改善枪炮的性能,就要精确地掌握抛物体的运行

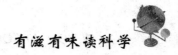
规律。而在这些研究中，涉及的已不是常量而是变量，这些变量还是相互联系的，是传统的孤立、静止的数学方法解决不了的。

解析几何正好满足了科研的这种需要，因为它可以用字母表示流动坐标，用方程刻画一般平面曲线，用代数演算代替古老陈旧的欧几里得纯逻辑推导而求出数量关系来，这就是说，解析几何使变数进入了数学，亦即使运动进入了数学，为微积分的创立奠定了基础。

正如后来法国数学家格拉朗日在其《数学概要》中说的："只要代数与几何分道扬镳，它们的进展就缓慢，它们的应用就狭窄。但是当这两门科学结成伴侣时，它们就互相吸取新鲜活力，从那以后，就以快速的步伐走向完善。"解析几何，正是笛卡尔留给我们的最宝贵的科学财富。

邮票上的创新

　　当你撕下一张邮票贴在信封上时，你可能没有察觉到，邮票的齿孔给我们带来多少方便啊。但是，你可知道，这小小的邮票齿孔的问世还有过一段有趣的故事哩！谁能想得到，邮票打孔机是一位新闻记者应急时的创举。

　　1840 年 5 月 6 日，世界上第一枚邮票在英国诞生时，邮票是没有齿孔的。邮局工作人员是用剪刀将几十枚连成整张的邮票一张一张地剪开，出售给用户。这样既麻烦，又不容易裁剪整齐。

　　1848 年冬季的一天，英国伦敦下着大雪。一位新闻记者从伦敦市的一些工厂采集到关于工人罢工方面的一些新闻。在市中心的一家饭店里，他把当天的新闻写成稿件，分装在几个大信封里，准备寄往外地的几家报馆。当他把信封封好后，取出刚刚从邮局买来的一大张邮票，准备剪开，贴在信封上。可是到处找不到剪刀，怎么办？他着急了，有点冒汗子，左手下意识地在胸前触摸，结果触及了西装领结上的别针。他取下别针，忽然灵机一动，就这么办！他用别针在邮票的折缝上扎出密密麻麻的一排小孔，然后，很容易就把邮票撕开了，并且整整齐齐，实在是妙极了。

　　这时，一个在铁路上工作名叫亨利·阿察尔的爱尔兰青年，目睹了这个情景，他联想起车票票根上的齿孔就自言自语道：如果能制作一架打孔机，把每张邮票的空隙间都打上齿孔，使用起来该多方便啊！

　　于是，他就凭着新闻记者的启示和自己工作中的联想在 1849 年 10 月 1 日向邮政总长提出了他的申请，经邮局技术师认可，推荐给邮票税票总监批准，终于制造了两台打孔机。第一台装有两个滚轮切刀，用来打出由短切口组成的横向和纵向齿孔。第二台装有双刃刀，用以在纸上冲出许多行切口。

　　打孔机经阿察尔进一步改进后，在 1850 年 1 月转让给萨默塞特印刷厂。1850 年 8 月，由邮票税票总监批准，1852 年 5 月 21 日，调查委员会认可并批

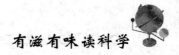

准购进。阿察尔型的新打孔机由戴维·纳皮尔父子公司制造，安装的萨默塞特印刷厂。1854 年 1 月 28 日，有齿邮票正式使用。

第一个发行通用有齿邮票的国家是英国，随后是瑞典。接着挪威、美国、加拿大也在 1856、1857、1858 年相继使用打孔机。

邮票上的齿孔度是法国巴黎的雅克·阿马勃勒·勒格朗博士在 1866 年发明的。这是测量在 2 厘米长的线段内齿孔数的简单方法，一直沿用至今，并且能使集邮家精确地表述齿孔的各种变异。一枚标有"齿孔 14 度"的邮票，就意味着它的四边上每 2 厘米（0.787 英寸）有 14 个孔。标记"齿孔 15×14 度"的邮票，就意味着它的上下边每 2 厘米有 15 个孔，它的两侧边每 2 厘米有 14 个孔。

啤酒厂奇遇

约瑟夫·普利斯特里（Joseph Priestley，1733～1804，英国政治家、教育家和化学家，为氧气的发现者之一，并发现了氧化氮、二氧化氮和氨等10种气体以及植物的光合作用）1733年3月13日生于英国约克郡利兹城附近的菲尔德黑德。1765年获爱丁堡大学法学博士学位。

普利斯特里开始接触自然科学，那还是1755年他从神学院毕业后的事。特别是在南特威治的教堂学校任教时，他结识了爱德华·哈鲁德，除了神学之外，他们两个还一起研究了天文学、物理学和其他自然科学。

1766年，有一次，普利斯特里到伦敦购书，偶然遇见了美国著名的科学家和政治家富兰克林。二人在伦敦的会晤，对普利斯特里从神学、哲学等社会科学领域走进自然科学的王国产生了相当大的影响。同一年，普利斯特里当选为英国皇家学会会员。

1768年复活节前夕，普利斯特里由于看书时间过长而感到疲倦，他想稍事休息，就来到布莱克叔叔的纺织厂。叔叔答应让他与三个堂妹一起去看看隔壁的啤酒厂，他们对此都非常感兴趣。

在参观工厂时，普利斯特里大开眼界，特别是发酵车间更使他着迷。

"立刻下来，不要对着啤酒呼吸，否则你会失去知觉。"大妹妹史蒂文对躬身看发酵的液体的普利斯特里喊道。

普利斯特里惊异地直起身子，离开大桶，询问史蒂文和二妹妹台特怎么

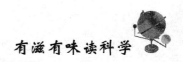

回事。

"我自己也懂得不多。"台特答道。

台特在灯上点燃起一根细木条,把它举到啤酒汁上面。使普利斯特里惊奇的是,燃烧的木条立刻熄灭了。

"啊!这就是说木桶中另外有一种空气。让我也试试。"

普利斯特里进行了同样的试验。火焰又熄灭了。在木条熄灭时出现的淡蓝色烟云飘浮在木桶的上面。普利斯特里用手轻轻地推了一下烟云,它就慢慢地降了下去。

"瞧!木桶中储藏着多么有趣的空气啊!它比纯净的空气重,在这种空气中一切都将熄灭。"

看来存在着好几种空气——这就是说一切生物呼吸的纯净的空气中还存在着更重的空气。生物在后一种空气中难道会死去?不让我在木桶上呼吸,就是这个缘故吧?他左思右想,更加兴奋起来。于是他立刻起身,走进实验室,点燃了一根蜡烛,把它放在预先放有小老鼠的玻璃容器中,然后拿盖子紧紧地盖住玻璃容器。

过了一些时候,蜡烛熄灭了,不久,小老鼠也死了。普利斯特里立即想到,空气中存在着一种什么东西。于是,普利斯特里对"被污染"空气作了净化试验。他弄到一个大水槽,槽底倒了一些水,将一个个玻璃罩口朝下放入槽中。在罩内放一支燃烧着的蜡烛,这样就制得了"被污染的"空气。

他想用水净化它,但结果使他诧异。他发现,水只能净化空气的一部分,而另一部分对生命还是无用的:老鼠在其中照样死去。企图使关闭在罩子里的空气恢复原有生气的一切尝试都失败了。

普利斯特里如同丈二和尚摸不着头脑。突然,他又想到植物。于是,便把一盆花放在罩内,花盆旁放了一支燃着的蜡烛来"污染"空气。蜡烛很快就熄灭了,植物却毫无变化,普利斯特里将水槽连同花盆一起放到靠近窗户的桌子上。次日早晨,他惊奇地发现,花不仅没有枯萎,而且又长了一个花蕾。普利斯特里的实验,证实了植物和动物都在呼吸,动物和人呼吸时,吸入氧气,呼出二氧化碳;而植物吸入二氧化碳,放出氧气。二者正好截然相反,二氧化碳能令动物和人窒息,却能帮助植物生长。

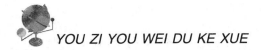

普利斯特里多次重复了自己的试验，以便确定究竟存在几种空气。

那时"气体"这个概念还没有使用，科学家们把一切气体统统称为空气。实际上，普利斯特里在啤酒发酵、蜡烛燃烧、动物呼吸时观察的气体是二氧化碳。在当时二氧化碳被称为"固定空气"。

与此同时，他还证明，植物吸收"固定空气"而放出"活命空气"（氧气），这种没有被研究过的"活命空气"维持着动物的呼吸，有了它，物质就会剧烈地燃烧。

有了这种想法后，普利斯特里又开始投入制取"活命空气"的实验中。

在制取"活命空气"的实验中，普利斯特里没制得"活命空气"却意外制得了"碱空气"（氨）、"盐酸空气"（氯化氢）、二氧化硫……他根据自己的实验结果写成了一本著作《论各种不同的空气》，从而大大地丰富了近代气体化学的内容。

1774年8月1日，是一个阳光灿烂、适于试验的日子。普利斯特里在一个大玻璃瓶底放了厚厚一层黄色的粉末——水银灰（即氧化汞），把透镜聚集的阳光投射到水银灰上。光照在粉末上形成了耀眼的光点。普利斯特里细心地观察，突然发现了一种奇怪的现象：粉末微微地颤动、腾跃，似乎有人在向它们吹风。数分钟过后，在这个地方出现小水银珠。这可是意外的收获！

"看来，光是燃素！也许燃素留在玻璃容器中了？"普利斯特里点燃干木条，将它放入玻璃瓶内，想去点燃燃素。气体燃着了，而且燃烧得更旺，光焰更亮！他迅速地取出小木条，扑灭了火焰，把它再次伸入玻璃瓶内时，冒烟的木条又重新燃烧起来了。

他把这个实验又做了一次，并用排水集气法搜集产生的气体。通过研究，他发现蜡烛在这种气体中以极强的火焰燃烧；老鼠在瓶中存活时间为相同容积的普通空气的两倍。他并用玻璃吸管从放满这种气体的大瓶里吸取它，感动十分轻松舒畅。其实，他搜集到的气体就是氧气。普利斯特里是第一位详细叙述了氧气的各种性质的科学家。但是，由于他笃信燃素说，于是推断这种气体必然含有极少的燃素或不含燃素，称它为"脱燃素空气"。

普利斯特里正准备对它进行深入的研究的时候，英国的政治家舍尔伯恩勋爵邀他陪同到欧洲旅行。

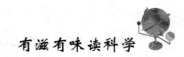

　　到法国巴黎后，普利斯特里立即访问了法兰西科学院。在那里，他向科学家们讲述了自己对气体的研究。在巴黎期间，他还会见了拉瓦锡，在他的实验室进行了学术交流。

　　普利斯特里向拉瓦锡揭示了他刚刚发现的秘密，并向他表演了制取这种新空气的方法。拉瓦锡立即着手研究了它，并由此创立了新的氧气燃烧理论，揭示了燃烧的本质。因而使"燃素说"彻底破产，使化学生发生了一场革命，开创了化学发展的新纪元。

　　普利斯特里的职业是牧师，化学只是他的业余爱好。但他却为这一学科的发展作出了不可磨灭的贡献。除了氧气之外，他还于1772年发现了二氧化氮，1773年发现氨，1774年发现二氧化硫。由于普利斯特里在化学方面的贡献，1782年，他当选为巴黎皇家科学院的外国院士。

　　1804年2月6日，普利斯特里卒于美国宾夕法尼亚州诺森伯兰。

青蛙们的"危机"

一群青蛙幸福地生活在一个池塘的一角，池塘的另一边是一片睡莲。青蛙们的生活平静恬适，相安无事，偶尔还跳到睡莲那舒展的叶片上嬉戏。

青蛙

然而，天有不测风云。一天，池塘里面流进了一些刺激睡莲生长的化学品——可以让睡莲每24小时增长一倍。这下青蛙可惨了！因为如果睡莲覆盖了整个池塘，它们就将无处容身。

"可不能等死呀，"青蛙们商量说，"总得想个办法阻止睡莲的生长啊！"

青蛙们终于想到了一个好办法，需要10天才能完成。而根据老青蛙的经验，睡莲50天内才覆满池塘。青蛙们还来得及采取行动挽救自己，时间似乎很充裕。

问题很简单，如果睡莲50天覆满池塘，因为它们每天增长一倍，所以，在第49天结束的时候，池塘就将被遮盖掉一半——而不是在第25天。青蛙们可以阻止睡莲的增长，但是要在10天内，最迟要在第40天结束之前开始行动。那么，第40天的时候池塘会被睡莲覆盖掉多少呢？最简单方法就是倒推：第50天结束，池塘会被睡莲完全覆盖；第49天结束，被覆盖1/2；第48天结束，被覆盖1/4……依此类推，在第40天是青蛙们能够采取行动的最晚时间，睡莲仅覆盖了池塘的 $(1/2)^{10}$。

$(1/2)^{10}$ 即 0.0009765，是一个非常非常小的数字——不到1/1000。这意味着，如果青蛙们要避免陷入无处容身的危险境地，必须在睡莲所覆盖的面积还不到整个池塘的1/1000的时候就采取行动——对在很远的地方发生的非常非常小的事情保持足够的警惕！

这个故事讲的是"增长法则"：指数级数增长是所有"增强回路"的自然行为；在初期，它增长得很缓慢，以至于你很难注意到它的增长；但突然之间，它就可能变成"庞然大物"，从而实现局面的逆转，变得无可挽回。

夏日盛开的荷塘

增长法则给我们的工作、学习、生活带来了深刻的哲学思考。例如，任何一个不断增长的业务，背后都有一个或几个"增长引擎"——增强回路，把若干经营要素连接在一起，构成一个环环相扣的系统，并使系统得到增强。也就是说，随着时间的推移，系统每运转一圈，每个要素就增强一次，并引发下一次更大幅度的增强。如此循环往复，使得业务不断增长。如果想把业务做大，必须找到业务发展的增强回路，并不断给它"充电"。

增长法则普遍存在于万物之中。一项研究表明，一些自然法则也可能随着宇宙年龄的增长而改变。如果这样，今天我们所知道的一切物理知识和定律——包括爱因斯坦提出的"光速不变"，以及其他一些物理学的基础概念都不得不重新接受审核。这并不是"危言耸听"。正如实施这个项目的国际科学家小组负责人——澳大利亚新南威尔士大学的天体物理学教授约翰·韦伯所说："如果我们的推测是正确的，它在理论上暗示着非比寻常的重大意义。当然，一切都取决于这个非常不确定的'如果'。"

是啊！只要"如果"存在，我们都不能掉以轻心——正如能一天封塘的睡莲，如果青蛙们不及早采取措施，可能一觉醒来就没有生存之地了。

其实，我们生活中的其他很多事情也是如此。凡事都要有长远的规划和打算，要有一定的预见性。防患于未然，方能处变不惊，稳操胜券。

科学中的"多胞胎"

牛顿经过近 20 年的"怀胎",在 1684 年 12 月发表的论文《论运动》中,首次"生"下了万有引力定律 $F = Gm_1m_2/r^2$ 这第一个"孩子"。

1785 年,法国物理学家库仑(1736～1806)"生"下第二个"孩子":$F = kQ_1Q_2/r^2$。它就是电学中第一个定量的定律——库仑定律。

看看这两个"孩子"吧,它们多像一对"双胞胎":万有引力和库仑力都遵从与距离的平方成反比的规律——"平方反比律"。

不过,"孩子"还不止这两个。磁学中的库仑定律 $F_m = kq_m1qm_2/r^2$,点电荷激发的电场强度 $E = kQ/r^2$,光学中点光源的照度定律 $E = IcosA/r^2$……都遵从平方反比律。于是,它们形成了一群科学中的"多胞胎"。在这个"多胞胎"群中,还有声学中的声强、热学中均匀固体里的热传导、流体力学中水向四面八方喷射的规律等等。

这么多的规律都遵从平方反比律是偶然的吗?不是的。

平方反比律假定的基础是空间的均匀性和各向同性——它们统称为"均同性"。在以上提到的遵守平方反比律的事件中,物理过程始终在同一种均匀的、具有各向同性的"真空"或介质中进行的。例如,从点光源到研究点之间,有均匀的空气这种介质,而一旦其间有凸透镜等其他媒质,这种规律就不复存在。

平方反比律成立的条件是,该过程必须是从某点向四面八方任何立体角同时一致进行的。例如,万有引力场就是向四面八方一致辐射的。

纪念牛顿发现万有引力定律:1971 年 5 月 15 日尼加拉瓜于发行的邮票

那为什么向具有均同性的空间,而

且向四面八方一致同时进行的过程，就一定遵守平方反比律呢？这可从几何关系中得到证明。以下以点光源的照度为例，加以说明。

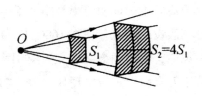

光能按平方反比律传播

图中 O 是球心，阴影 S_1、S_2 是以 O 为球心的两个球面的一部分。我们知道，球的表面积与半径的平方成正比。因此，当球的半径增大到 2 倍（即由 S_1 变为 S_2）的时候，表面积就增大到 4 倍；在任一立体角上阴影部分面积的情况也是如此。由于图中立体角上 S_1 的能量（这里是光能）被不变地传到 S_2 上的时候，被 4 个 S_1 平均分配，即平方倍地被减少，于是照度就服从平方反比律了。由此可见，平方反比律是大自然的一条必然和普遍的规律。凡是在具有均同性的空间，而且向四面八方一致同时进行的过程，都遵守这个规律。

那为什么是牛顿"生"下平方反比律这个"多胞胎"家族中的第一个孩子呢？

1601 年和 1619 年，德国天文学家、数学家开普勒（1571～1630）先后发现了行星运动三大定律，解决了行星绕日运动的规律。但是，为什么行星会绕着太阳转呢？是什么力拉着行星，不让它到处乱跑呢？

关于这个问题，开普勒在探索行星运动规律期间，就猜想使行星作有规律运动的力来自太阳。受英国物理学家吉尔伯特（1540～1603）"磁力流"的影响，认为这个力就是太阳发出的"磁力流"，其强度随距离的增大而减弱。最早提出平方反比猜想的法国天文学家布里阿德（1605～1694）在 1645 年提出，从太阳发出的力应和离太阳距离的平方成反比而减小。不过，他仅指出这是太阳对行星的力，而不包括行星对太阳的力。后来，经过 1666 年意大利物理学家波列利（1608～1678）、1673 年荷兰物理学家惠更斯（1629～1695）、1674 年英国物理学家胡克（1635～1703）、1679 年英国天文学家哈雷（1656～1742）和数学家雷恩（1632～1723）等人的研究，从不同角度指明了重力或天体引力同距离的平方成反比。当然，他们的工作都不完善。例如，哈雷虽在圆形轨道上能证明行星受到的引力与它们到太阳的距离的平方成反比，但却不能证明在椭圆轨道上也是如此。

最早正确证明引力与距离平方成反比的，是 1674 年就提出关于引力问题三条假设的胡克。他在 1680 年 1 月 6 日给牛顿的一封信中，就正确地证明这一规律，为牛顿最终确立万有引力定律奠定了基础。这还引出了他和牛顿的关于万有引力定律发现权之争。"万有引力"一词的首创者胡克证明的这一规律，可用 $F = \mu m / r^2$ 表示。这里，μ 为太阳的高斯常量，m 为行星质量，r 和 F 分别为太阳和行星之间的距离和引力。

在上述工作和微积分的完善、地球参数准确测量等基础之上，牛顿终于创立了万有引力定律。

平方反比律有着极其广泛的用途。

首先，许多规律都是用平方反比律进行猜测后用实验证实的。瑞士物理学、数学家丹尼尔·伯努利（1700～1782）在 1760 年就猜测，电力也可能和万有引力一样，服从平方反比律。1766 年，英国化学家普利斯特利（1733～1804）也作也过类似猜测。这种猜测，被英国的罗宾逊（1739～1805）和他的同胞卡文迪许（1761～1810）分别在 1769 和 1773 年证实，并最终由库仑在 1785 年确立为库仑定律。

值得深思的是，卡文迪许对静电力的研究早于库仑约 11 年，得到的实验数据也比库仑更接近 2 次方——前者斥力和引力分别为 2.02 和 1.98 次方，库仑则分别为 2.04 和 1.96 次方，但他却没能确立平方反比的静电力规律。这是为什么呢？是由于他没有像库仑那样，意识到"平方反比"是一个普遍规律，没有将静电力与万有引力进行类比的缘故。而库仑却使用了这一类比，果断地把 1.96 和 2.04 这精度有限的值统归于理论值 2，最终确立了库仑定律。从这个实例中，不但可以看到平方反比律对科研工作的指导意义，还可看到类比法的重要性——如果单靠具体实验数据的积累，库仑定律的建立不知要等到何年。

其次，当某些场合不服从平方反比律的时候，只需设法破坏它的基础和条件——均同性，就行了。例如，用钢铁制成手表外壳，就能使磁场在这里的空

防磁手表的外壳，用最容易磁化的钢铁做成

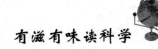

间不再具有均同性，而是将磁感线集束在壳内，成了防磁手表。再如，著名的"法拉第电笼"，也破坏了电场空间的均同性，由此可制成均压服和屏蔽室。又如，用凸透镜或凹面镜聚光制成各类光学仪器和照明设备，也是破坏了光传播空间的均同性或强制光不再向四面八方传播。还有喇叭形的扬声器、乐器、喊话筒，都是改变声音传播空间的均同性，强制声音不向四面八方传播。

不过，德国物理学家爱因斯坦的思路却不同——大质量的物体会使空间本身变形，因而空间的均同性已不复存在。他认为太阳质量使周围空间变形及太阳引力对光线的作用，会产生"万有引力透镜"效应，因此就不存在具有均同性的欧几里得空间。这样，必然导致相对论力学的产生。

防不胜防的"狭管效应"

1982年1月冬日的一天,大厦林立的纽约市曼哈顿区,车水马龙,人流如织。刚刚下班走出高层大厦的罗约·斯派尔乌吉尔小姐,向一辆小汽车走去。突然,身后冲来一股猛烈的风暴,把她卷进附近的水泥花坛中——碰得头破血流,双臂折断,几乎不省人事。

"这是啥事呢!"——现在不是风暴肆虐的夏天,何况周围还有高楼大厦当"挡风墙"。罗约直呼倒霉。不过,知识渊博的罗约立刻敏锐地意识到:这不怪天气,而是"穿街风"导演的"恶作剧"。

于是,经抢救免于一死的罗约到法院起诉,控告设计这座大厦的建筑设计师和纽约市政当局。结果,罗约获得了650万(一说60万)美元的赔偿费。如果在10年以前,罗约的控告会被驳回。但现在她怎么能打赢这场官司,得到巨额赔偿呢?这是因为,在建筑学家和气动工程学家、物理学家的协助下,法官们弄清了这类风暴的起因。

纽约洛克菲勒中心楼群一带的"窄巷"

原来,科学家们发现,这是由于高层建筑设计不当,挡住高处的气流,迫使其折向地面,在街道上形成小型风暴——穿街风。

人类进入20世纪以来,建造摩天大楼成为时髦。例如,于1931年在纽约落成的102层帝国大厦,高381米;1976年在纽约建成的110层世界贸易中心(已毁于2001年的"9·11"事件),高412米;1974年在芝加哥市崛起的西尔斯大厦地面以上110层,高度达443米。

这些鳞次栉比的超级摩天大楼引起的穿街风，已经给大城市带来了不少麻烦。更不用说最近一二十年，建造的吉隆坡"双子星"（高452米）和台北的"101大楼"（高508米）了。

科学家的研究结果表明，穿街风是由空气动力效应造成的。我们知道，太阳照射引起大气温差，使空气运动就成了风。气流运动愈强，风力则愈大。建筑物等地面障碍使风速减弱，风向改变，但往往在近地面处产生紊乱交错的"湍流"。在林立的高密度摩天大楼，这

纽约繁华区摩天大楼形成的"窄巷"

种湍流又会"扶摇直上"到五六百米之高，然后向下运动进入"窄巷"，再降到建筑物底部，沿着建筑物的"空隙"——马路和巷道冲袭。这就是"狭管效应"。

狭管效应可以用伯努利原理来解释。在拐弯处，这种因为狭管效应引起的风暴，会迅速旋转而变得更加强劲——宛若小龙卷风肆虐横行。如果遇到凹角，就会变成风速虽小但压力极大的地面风暴。这就是穿街风。

狭管效应不但在"城市森林"中形成风暴而危害生命财产，而且在有条件的野外也会"泛滥成灾"。

打开中国地图，你会看到东起乌鞘岭，西到古玉门关，被"北山"（马鬃山、合黎山、龙首山）"南山"（祁连山、阿尔金山）所夹的一片狭长平地。这片西北—东南走向的平地，长约900千米、宽到几百几千米不等。由于它位于黄河之西的甘肃境内，所以称为河西走廊或甘肃走廊。这里是甘肃的一个重要农业区，和周围地区相比也不算多么贫瘠，但是风大沙多，成了中国沙尘暴的主要"发源地"和重灾区，是这段"丝绸之路"永远的"痛"。

没有领教过沙尘暴的厉害吗？那就看一看从2006年4月16日开始的沙尘暴吧！它的浮尘掩盖了中国北方161万平方千米，影响了2亿人；免费的30多万吨沙尘让北京"满城尽带黄金甲"，造成五级严重空气污染……

那么，河西走廊为什么是中国沙尘暴的主要"发源地"和重灾区之一呢？这有它的外因和内因。西伯利亚的寒潮经新疆进入河西走廊，形成"动力外因"；走廊的"巷道"地形，成了"地形外因"。而内因则是当地的沙土松散，容易随风飘舞。

我们前面提到的湍流（又叫"紊流"），是怎么回事呢？

沙尘暴袭击北京

在静室里面点燃一炷香，你就能看到升起的一缕轻烟起初是笔直的，升到一定高处，就变成了不规则的形态。这就是一种湍流现象。1959 年，科学家 J. 欣策说，湍流是流体的不规则运动，各种量都随时间和空间坐标发生紊乱的变化。

空气中的湍流是由大气快速而不规则的流动引起的。例如，飞机在飞行中，如果遇上湍流，就会急剧颠簸。虽然通常的湍流不会使飞机大幅偏离预定飞行路线，但强湍流就有可能使飞行高度和姿态出现突变，严重的时候还会短暂失控，此时如果处理不当就会机毁人亡。

湍流现象普遍存在于行星和地球大气、海洋、江河、火箭尾流、锅炉燃烧室、血液流动等自然现象和工程技术中。一方面它会使流体中的质量、动量和能量的输运速度大大加快，从而引起各种机械的阻力骤增，效率下降，能耗加大，噪音增强，结构震颤加剧乃至破坏——导致输油管阻塞和上面提

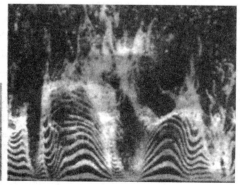

两种湍流

到的飞机坠落。另一方面，它又可能加速喷气发动机内油料的混合和充分燃烧，提高燃烧效率和热交换效率，加快化学反应的速度和混合过程。所以，揭开湍流的所有奥秘，不但对生活、生产、科研的进步有重要意义，也是物理学领域中尚未取得重大突破的基础研究课题之一。因此，各方面长期以来一直重视研究湍流。

1883 年，英国物理学家雷诺（1842～1912）得到"雷诺数"大于 2300，就会在圆管水流中形成湍流的结果。法国流体动力学家库埃特（1858～1943）用"双圆筒装置实验"，来研究湍流。1923 年，英国应用数学家泰勒（1886～1975）用库埃特的实验，得到了麻花涡旋、辫子涡旋和湍流状涡旋。1971 年，法国物理学家茹勒（Ruelle·David）和荷兰数学家泰肯斯（Takens·Floris）的《论湍流的本质》一文，对湍流的研究产生了很大的影响。1983 年，早年生活在法国的美国数学家伯努瓦·曼德尔·布罗特（1924～#）指出，湍流中大大小小不同尺度的涡旋高度集中的区域，是一种间歇状的分形结构，具有局部的自相似性。因此，分形理论在湍流的研究中也有重要应用。

不过，虽然有专门的"湍流理论"，但由于湍流的运动太复杂，有多种因素参与而牵涉海量数据，使得人们很难对其进行全方位的研究，至今仍是流体力学中的难题。

上帝不干冤枉活

地里的麦子熟了，一只乌鸦在树上"鸟视眈眈"。但是，它要吃到麦子必须冒风险——在飞行的过程中，守麦人的子弹在等着它呢！饥饿乌鸦最终还是经不住美食的诱惑，猛然从树上飞到麦地迅速叨起一穗麦粒之后，就立即飞到对面的篱笆上。

图1 乌鸦怎么叨麦粒

如果我们来给乌鸦出个主意，飞行什么路线，才能用最少的时间——减少被子弹打中的危险。

这当然难不倒你——照图1中那样使"人飞角"和"出飞角"相等就行了。

"人飞角"？"出飞角"？没搞错吧，我们只听说过光线的入射角和反射角！对，这"人飞角"和"出飞角"，就是从入射角和反射角的"克隆版"。不但如此，乌鸦照图1中那样飞行，就是从光线"走直线"那里学来的呢！

我们都知道，在同一种均匀物质中，光线要走直线。那么，光线遇到障碍物（例如图2中的镜子 MN）之后，又怎么走呢？是的，光线不会"走冤

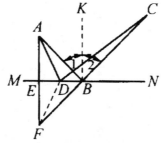

图2 光线反射后依然要走近路

枉路"而浪费时间。

在图2中，如果A处射出的光线要走最短的路到达C点，就必须走ABC这唯一的路径。平面镜上的B是这样一点，使反射角（∠2）和入射角（∠1）保持相等。下面，我们用反证法来证明光线这样走，的确是走了最近的路。

假设MN上有另外的D点，能使ADC < ABC。接下来，我们把CB延长，使它和与MN垂直的AE的延长线在F点相交。这样，就很容易证明，△AEB≌△FEB。于是，FB = AB。这就得到了ABC = FBC。

同样，也很容易证明，△AED≌△FED。于是，FD = AD。这也就得到了ADC = FDC。

现在，就很容易看出FDC > FBC了——因为两点（F和C）之间直线段（FBC）最短。

看到了吧——ABC的确是最近的路。

我们知道，图2中的光线，就是按图3中的反射定律来走的。这下明白了我们给乌鸦选的那条最近当然也是最省时间的路了吧！

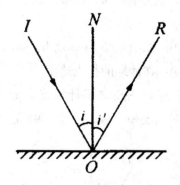

图3　光的反射定律：$I' - i$

其实，"乌鸦怎么叼麦粒"的解答，还适用于许多场合。例如，假设有一个在图2中A点住家的人，要到河边MN去取水，再送到父母家C，他走什么路线最近？答案也是一样的。

当然，上面的乌鸦叼麦穗和取水问题，都假设"主角"是在一段时间是匀速运动的。那么，如果不是匀速运动，又是什么结果呢？例如在图4中，

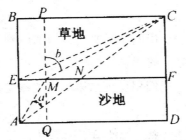

图4　怎样走沙地和草地才最省时间

人在沙地和草地走的速度就不一样。

　　显然，我们只能假设一些条件，使这类问题变得直观简单。那就假设图4中一个通讯员要尽快把一份重要情报从 A 点送到 C 点的路中，在沙地的行走速度只有在草地的一半。图4中 EF 是矩形沙地（长7千米，宽2千米）和矩形草地（长7千米，宽3千米）的分界线。

　　走 ANC 这条直线的路吗？可能"不合算"——因为在沙地里走的速度慢，路线比较长。走 AEC 这条路吗？也可能"不合算"——因为，虽然在沙地里走的路线短一些，但是在草地里走的路线却长了许多。

　　实际上，应该走 AMC 这条路。那 AMC 是怎样一条路呢，M 又是怎么样的点呢？

　　M 这样的点使图4中的∠a 和∠b 有 $\sin\angle b : \sin\angle a = 2 : 1$ 的关系。这里，2：1 是在草地的行走速度：在沙地的行走速度。

　　相信读者能用勾股定理和三角知识计算出，走 ANC 这条路用的时间最长，走 AEC 这条路用的时间要短一些，而走 AMC 这条路用的时间最短。

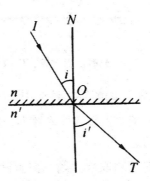

图5　n 代表折射率时光的折射定律：$n'\sin i' = n \sin i$

斯涅耳

笛卡儿

那为什么走 AMC 这条路用的时间最短呢？我们还是请老朋友光线来帮忙吧。

在光学中，有一个折射定律可用图 5 来说明。前面通讯员走的，就是这里光线走的路。当然，图 5 只是光线从光密媒质进入光疏媒质的情形。折射定律最早是由荷兰数学家斯涅耳（1580 或 1591～1626）在 1621 年最先发现的。而法国数学家兼物理学家笛卡儿（1596～1650）则在 1637 年著的《折光学》中，最先在理论上对它加以论证，并表达为今天的形式。

乌鸦和通讯员应该走光线走的路，才最省时间，这是一个原理——"费马原理"在光学中的体现。光的反射定律和折射定律，都可以从费马原理推导出来。

费马（1601～1665）是法国的"业余数学之王"。他在研究了许多自然现象之后，大约在 1740 年提出了"最小作用（量）原理"——后人称为费马原理。

费马

最小作用原理又称为"极小作用原理"或"稳定作用原理"。它认为，大自然发生的各种现象，都只消耗最小的能量——"上帝不做无用功"或"上帝不干冤枉活"。费马还认为，蜜蜂建造六角形的蜂巢，能最大限度地节省蜂蜡，也是基于这个原理。

德国数学家莱布尼茨（1646～1716）对发展最小作用原理做过力学上的发展。1743 年初，瑞士数学家欧拉（1707～1783）也得出这一原理的某些结论，并载于次年秋发表的关于变分法的一本书名很长的书中。

莫佩都

法国数学家兼哲学家莫佩都（1698～1759）受到费马原理的启发，得到了它的表示式，并在 1744 年 4 月 15 日把论文提交给了法国科学院。后来，最小作用原理又有新发展。法国数学家拉格朗日（1736～1813）给出了一个关于最小作用原理的令人满意的描述；而在 1834～1835 年间，英国数学家兼物理学家哈密顿（1805～1865）在论文《动力学的一般方法》中，则用"哈密顿原理"把它覆盖。

最小作用原理广泛用于光学、力学等各个领域。例如，悬挂在两个固定点的细绳，它一定会形成使自己重心最低的形状——数学和物理学中著名的"悬链线"。又比如，一块大石头从山上滚下到山脚的时候，它一定会选择花最短时间的道路……

谁在戏弄我们

在新西兰的一个牧场，曾经发生了这样一件事情。一位牧民在牧场上播种了牲口爱吃的三叶草——一种分布很广的一年或多年生草本植物，可作牧草或绿肥。可是年景实在不好——三叶草长得又矮又小，枯萎发黄，甚至大片死去。奇怪的是，就在那片荒凉的牧场上，却有一条带状的三叶

三叶草

草长得碧绿繁茂，生机勃勃，远远看去仿佛一条长长的"绿地毯"，十分醒目。

人们观察着，琢磨着，百思不得其解。

谜底最终揭晓了。原来，在牧场附近新开了一家钼矿厂。矿工们每天往返于上班和回家的路上，不少人常常为省时间抄近道穿过牧场。他们穿的靴子上到处沾着钼矿粉，每天就星星点点地洒落在牧场的小道上。在踩过的小道上，就长出了那条"绿地毯"。不容置疑——是这些钼矿粉渗进土壤，补充了土壤中缺少的微量元素钼，从而使牧草长得如此丰美。

这桩奇闻引起了科学家的关注。经过深入研究，他们发现，钼不仅是植物生长必不可少的微量元素，而且在整个生命世界也同样扮演重要的角色。

在微量元素中，钼是植物需求量很少的一种，但它参与两种生物酶的反应。一是把植物体内的硝酸根离子还原为铵离子，使植物顺利合成氨基酸。二是在固氮的过程中，把氮气分子固定为铵离子，这对于豆科植物尤为重要——钼参与合成的"钼铁蛋白"起着与氮分子结合生成氨的作用。如果没有钼，植物就得不到所需的氮肥。

揭开了"绿地毯"的神秘面纱，我们再来看又一桩怪事。

1893 年，在亚速尔群岛上，有个木匠在温室里工作的时候，无意中把美人蕉的碎枝叶当作垃圾给烧了，烟雾弥漫散开来。不久，他惊讶地发现，温室里的菠萝精神抖擞地一齐开了花——好像被打了一针强心剂！

"这哪是开花的时节呀？"——可眼前的美景叫你不得不信。消息传开以后，前来观看的人络绎不绝。

正当人们对此津津乐道之时，发生在美国的一件事让花匠们痛苦万分。

1908 年，美国一些培育康乃馨的花匠把它移植到芝加哥的温室里。但事与愿违，花儿好像都商量好了——迟迟不开。这可害苦了花匠，让他们糊里糊涂地蒙受了巨大的经济损失。

为何无心看花花早开，有心栽花花不开呢？

科学家在进行了多次实验，终于发现美人蕉碎枝叶燃烧后产生的一种气体能促使花儿早开；而康乃馨温室里用来照明的石油灯溢散出的，也是这种气体。这种奇异的气体，就是我们现在熟知的乙烯。

乙烯是一种植物激素，是水果开始成熟时产生的一种气体，能调节植物的生物钟。如果一篓苹果中有一个成熟得最快，那它释放出来的乙烯会很快催熟其他苹果。

乙烯对植物的生理影响很大——促进单子叶植物生长，但却会抑制双子叶植物生长。例如，促使菠萝、芒果开花，抑制牵牛花、康乃馨开花。

正如乙烯促进单子叶植物生长，抑制双子叶植物生长一样，自然界的很多事情总会弄得我们思维大乱——有可能获得意外之喜，又有可能遭遇飞来横祸。

在欧洲的一处风景幽静之所，有眼光的建筑商建起了舒适的别墅。原以为住进别墅里的居民会幸福地享受大自然的美景，没想到几年过后，别墅里的人都得了一种怪病——骨骼疼痛，常发生自然骨折，最后相继在痛苦的折磨中死去。

菠萝

经法医鉴定，他们都是患了镉中毒症。在如此优美的环境里怎么会得这种怪病呢？其实，住在这里的人们有所不知，这个别墅位于 300 年前的一个锌矿所在地。当年炼锌的时候，只炼出了锌，那些共生的镉矿石被弃之不用。镉长年累月地污染着地下水，当饮用了这种含镉量过高的水，就会中毒。

粉康乃馨

无独有偶，1955 年在日本富山县神岗矿区，也出现过一种奇怪的地方病——"痛痛病"。得病之初，村民们感到全身有轻微的疼痛。后来，疼痛渐如针刺。数年之后，骨骼严重变形，发脆易折，连轻微活动、甚至咳嗽都会引起骨折，这里的人们备受这种怪病的煎熬。后来，医生将病人的骨头做光谱分析，发现是镉中毒。时隔 10 多年之后，日本科学家依据调查材料找到了病因。在村子上游是神岗铅锌矿区，排出的含镉废水直接流向下游的小村落灌溉稻田，污染了土壤和沿岸的水。那里长出的水稻自然成了含镉量极高的稻米。人们常年吃这种稻米，也就患上了疼痛病！

镉中毒没有解毒剂，没有任何有效的根治方法，只能尽力减轻病人一辈子无法解脱的疼痛！

故事到此该结束了，但还有一桩怪事实在难以割舍。

广西兴安县的小宅村自 1981 年以来，每到秋季，莫名其妙的火灾总是频频侵扰村民。村里的物品常常无缘无故地自燃起火，有时是多处同时起火，有时一天起火多达 20 次——人们叫它们"群火"。在野地里，稻草、干草、竹篱笆之类会自燃起火；在村中茅屋、棉被、蚊帐、衣服、家具和贴在墙上的年画会自燃起火，严重的时候，甚至连湿毛巾也会起火。村民们个个被弄得惊恐万状，疑神疑鬼的，惶惶不可终日。老人们说这是鬼火。

地质学家专门对小宅村附近的地质结构进行了考察。正如他们所料，这里硫黄矿产资源很丰富，在村外 2000 米处正在开采硫黄矿。硫黄的粉尘散布在空气中，使村里总有一股刺鼻的气味。硫黄粉尘颗粒很小，与空气充分接触，极易燃烧，这就造成了莫名其妙的"鬼火"。

类似的事件数不胜数，似乎在冥冥中被某个看不见的手掌握着。但随着

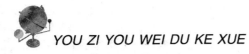

一桩桩的怪事之谜逐渐被揭开，我们就会思考一个问题：到底是谁在戏弄我们？就此断定是大自然戏弄了我们，恐怕有失公允，而真正戏弄我们的，是我们对物质特性的无知。所以，崇尚科学、尊重自然，绝不应"纸上谈兵"，而应"立即行动"。

"零和游戏原理"的魅力

"1908年7月9日，荷兰莱顿大学的昂纳斯教授已经液化了氦气……"一位英国物理学家懊丧地写道。

这位英国物理学家是谁，为什么在别人液化了氦气之后他要懊丧？

1904年的诺贝尔物理学奖和化学奖很特别——因为大致相同的得奖理由，分别被两位英国物理学家兼化学家独享，这在诺贝尔奖历史上绝无仅有。这个得奖理由是发现并研究了化学上的"单身汉"——惰性气体。得物理

拉姆齐

学奖的是瑞利（1842~1919），得化学奖的是拉姆齐（1852~1916）。他们合作研究，在1894年8月13日首先发现了第一种惰性气体——氩。次年，拉姆齐又发现了另一种惰性气体——氦。

从18世纪末以来，科学家们为了研究各种物质在不同形态下的性质，就要液化气体。而要液化气体，就必须得到极低温。所以，瑞利和拉姆齐等欧洲科学家，以及我们这个故事的主角——苏格兰物理学家兼化学家杜瓦（1842~1923），都在积极研究得到极低温的设备和方法。

1893年1月20日，杜瓦宣布发明了一种低恒温装置——后来被称为杜瓦瓶。1898年，他就用它达到了20.4K的极低温，液化了氢气。接着，他在次年又成功地在14K的极低温下，首先把氢气变为固体，并靠抽出固态氢表面的蒸气推进到12K。这些成就，领先了荷兰物理学家昂纳斯（1853~1926）好几年。但是，杜瓦要继续前进，却遇到了不可逾越的障碍！

原来，要进一步接近绝对零度，就必须液化氦气，而当时惟一拥有大量

氮气的既是杜瓦的合作者也是对手的拉姆齐。但是，两个人在此前却失和闹翻了脸！

杜瓦没有大量氦气，不得不用温泉小气泡中不纯的氦气进行实验。但是，由于氖的凝固点比氦高（实际上至今科学家们还没有制得固态氦——甚至猜测氦没有固态），所以混在氦气中的氖气在冷却中总是先变成固体，堵塞实验仪器的阀门和管道，使实验结果屡遭失败。而拉姆齐因缺乏高质量的取得低恒温的装置，也收效甚微。就这样，他们双双败在异国他乡的竞争对手昂纳斯面前。这就有了故事开头杜瓦懊丧地写下的那段话——写在他1908年的论文《最低温及有关问题》的附注之中。不但如此，杜瓦还眼睁睁地看着1913年的诺贝尔物理学奖被昂纳斯"抢"去。

这使我们想起了龟兔赛跑故事的新老版本。

话说兔子在输给乌龟之后，及时调整了心态和战术一下子就轻松得胜了。

失利后的乌龟也不示弱，就在路上设了一条河。比赛结果当然很明显——先到达河边的兔子被河水挡住，眼睁睁地看着乌龟慢吞吞地爬到终点。

接着，兔子也不傻——在路上挖了一条深沟。跌到深沟的乌龟怎么也爬不上去，可兔子一跃而过，率先"冲线"。

最后，乌龟和兔子都累了，就一起商量，乌龟对兔子说："我们还是别继续这样斗下去了，你背我跃过深沟，我背你过河，来一个'双赢'。"

双赢——一个现代人经常挂在嘴边的词语。要是100年前杜瓦和拉姆齐都懂得它，也许昂纳斯就不会后来居上，他们也就不再懊丧了。

双赢，来自"零和游戏原理"。"零和游戏"是指在一项游戏中，游戏者有输有赢，一方所赢的正是另一方所输的——输赢的总和永远为零。

零和游戏原理之所以广受关注，主要是因为人们发现在社会的方方面面，都能发现与零和游戏类似的局面——胜利者的光荣和甘甜后面，往往隐藏着失败者的辛酸和苦涩。

由于20世纪人类在经历了两次世界大战、经济高速增长、科技迅猛进步、全球一体化以及日益严重的环境污染之后，零和游戏观念正逐渐被双赢或"多赢"观念取代——人们开始认识到"利己"不一定也不应该建立在"损人"的基础上。进入"大科学"时代的人类通过有效合作，"皆大欢喜"

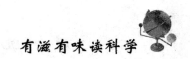

才是明智的选择的。那种"独剑单骑闯天下"而取得成功的，已经越来越少，更多的是合作发展——像美国制造第一颗原子弹那样有 15 万人合作，以及"阿波罗登月"有 42 万人合作的"大兵团作战"，已经屡见不鲜。

当然，从零和游戏走向双赢，就要求各方有真诚合作的意识和气度，不要耍"小聪明"，总想占别人的便宜，要遵守"游戏规则"。否则，双赢就依然是水月镜花，否则最终吃亏的，还是合作者自己。

"公主"失事和关岛怪病

1878年的一个夏日，伦敦的泰晤士河上和往常一样安宁——豪华的"爱丽丝公主"号游艇悠闲地缓缓驶过。

突然，船身猛烈震动起来——一艘莽撞的驳船和它"亲密接吻"。游艇的右舷被撕开了一个大口子，很快就沉了下去。幸好，成功的救援使当时人员很少伤亡——"公主"号上有很好的救生设备，落水者一般都套上了救生圈；河两边的许多泊船都立即开过来救人。

可是，第二天报纸上却登出了读者简直不敢相信的消息："昨天泰晤士河上发生惨案，'爱丽丝公主'号沉没，死亡640人！"怎么可能死这么多人呢？更使人吃惊的是接下来的连续报道——落水者不是被溺死，而是中了污染河水的毒而命丧黄泉的！

在历史上，泰晤士河曾经是一条迷人的美丽河流。可是，到了19世纪，来自各工厂源源不断的废水和大量城市生活污水，把它变得污浊不堪，成为一条"死河"。其中一段长达40千米的河域，根本就找不到任何鱼虾的踪迹。

泰晤士河上的伦敦桥（即塔桥）和游轮

1856 年夏，河水的污染达到了骇人听闻的程度，使得坐落在河边的议会大厦的窗户不得不挂起一条条浸透了消毒药水的窗帘，以阻挡不堪忍受的奇臭。

说了伦敦的"公主"，再来说太平洋上关岛的蝙蝠。

"倒挂金钩"的狐蝠

第二次世界大战快结束的时候，就发现关岛上的查莫罗人患老年性痴呆类疾病，比其他地方的居民高出 100 倍。例如，一种叫"全身性肌肉萎缩症"的关岛怪病，会造成肌肉萎缩无力、瘫痪、痴呆以致死亡。以乌塔麦克村为例，在 1944 ~ 1953 年间死亡的人之中，有 1/4 ~ 1/3，都是因为得了这种怪病。可长期以来，就是找不到原因。

直到 2003 年，这种怪病的病因，才被卡拉锡尔夏威夷国家热带植物园的民族植物学家保罗·阿兰·考克斯和同事们，以及美国著名神经学家奥利弗·萨克斯找到。他们认为，原因是查莫罗人对当地的一种蝙蝠——以苏铁种子为主要食物的狐蝠"偏爱"有加。他们吃狐蝠的历史已经很久远了。

吃狐蝠怎么就会得怪病呢？凭着直觉，考克斯对博物馆馆保存的第二次世界大战时期的狐蝠样本进行了检测。结果发现，当地的狐蝠体内充满神经毒素——来源于被狐蝠食用的苏铁类植物的种子。很显然，这些狐蝠没有受到影响，但是食用了满含毒素的狐蝠肉的人，却患了病。

那么，伦敦泰晤士河使 640 人丧生的污水和关岛的怪病，说明了什么问题呢？其实，这是一种生物"放大"作用——称为"富集效应"。对这些有毒化学物质在食物链各环节中的毒性"渐进"现象，考克斯解释说："我们知道，日本人曾因吃了体内积聚汞的鱼类而中毒，而食用太多乳草属植物的黑脉金斑蝶一旦被以之为食的哺乳动物食用，食用者就会发生心搏停止。"

富集效应的实例随处可见。科学家曾测到一种含汞浓度为海水中含汞浓度 10 万倍的鱼——有的科学家估计，这个数字有可能达到 100 万倍！

这种富集不难理解。生活环境中汞、铅、镉这类有害重金属，是不容易排出生物体的，如果一种生物把受到污染的生物吃掉，有害重金属就会呈几何级数的增长。据生物学家测定，当海水中汞浓度为 10^{-7} 克/升的时候，海水

蜈蚣草

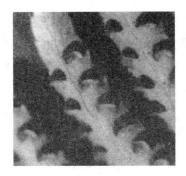

蜈蚣草的叶片

中的浮游生物体内汞浓度可以达到 $10^{-6} \sim 2 \cdot 10^{-6}$ 克/升。然后，这个食物链内的生物体内汞浓度（以克/升计）依次上升：小鱼虾，$2 \cdot 10^{-4} \sim 5 \cdot 10^{-4}$；中等鱼，$10^{-3} \sim 5 \cdot 10^{-3}$；大鱼，$10^{-2} \sim 5 \cdot 10^{-2}$。这就上升了 10～50 万倍！

一项测试表明，海水中 DDT 的浓度仅 $5 \cdot 10^{-11}$ 克/升——不能造成任何危害。但是，在浮游生物、蛤蜊、银鸥的体内 DDT 的浓度（以克/升计），就分别依次富集为 $4 \cdot 10^{-8}$，$4.2 \cdot 10^{-7}$，$7.6 \cdot 10^{-5}$——总共上升了 100 多万倍！

人类食用的动植物体内，也严重地存在这种富集。例如，我们吃的许多食物中，很可能含有我们随手扔掉的一节含镉电池中被富集的汞。有人还按富集程度的大小，排出了镉含量的顺序：芹菜叶 > 菠菜 > 莴笋 > 大白菜 > 油菜 > 小白菜 > 芹菜茎 > 韭菜 > 茄子 > 圆白菜 > 黄瓜 > 菜花。

对于毒物的富集效应，我们不要掉以轻心。从富集毒物的源头开始——例如使用无铅汽油、严禁排放超标污水、不乱扔含重金属的废旧家电，到种植能降解毒物的植物或菌类，再到种植富集重金属能力比其他植物高出二三十万倍的蜈蚣草。

有趣的"生物钟"现象

落日的余晖渐渐隐去，接下来是夜色朦胧。仿佛号角吹响，突然千万只蝙蝠一下子从古庙阴暗的角落、湿漉漉的山洞或者密不透光的树丛里"比翼齐飞"。正是："黄昏到寺蝙蝠飞。"与此同时，猫头鹰凄厉的鸣声"催人泪下"……

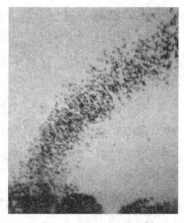

千万只蝙蝠齐飞

只要你留意，就会发现——这一切总是发生在每天的几乎同一时刻。

你还会发现，动物都会"按时起床"。东方欲晓，公鸡一跃而起——首先"引吭高歌"。接着，鸭群苏醒——争先恐后地"嘎……嘎"欢叫。隔了一会儿，白脸山雀醒来了——鸣声尖锐清越像带有颤音的笛声。没多久，麻雀也"叽叽喳喳"不停……

奇妙呀——大自然为每一种动物都安排了一张"作息时间表"。

猪、牛和羊等家畜，总在白天活动。可是，猫却喜欢在白天睡大觉。每当夜幕降临，家畜入睡的时候，猫才伸伸懒腰，活跃起来了。鼯鼠的"作息时间"和猫类似——白天呆树洞，夕阳西下后才钻出来活动，在树林里张"翼"滑翔捕食，一直忙到"东方欲晓"。更绝的是，一些动物还能"准点报时"呢！

在美国加利福尼亚州一个奇特的农场里，100头毛驴承担了所有的农活。有趣的是，到了中午12点都"准时下班"——谁也无法强迫它们继续干活。而到了下午6点，它们又会分秒不差地"准时上班"。

南美洲危地马拉地第纳鸟，每过30分钟就会"叽叽喳喳"地叫上一阵子——误差只有 15 秒；因此当地人就用这叫声来作为推算时间的"鸟钟"。在非洲的密林里有一种"12 时虫"——每过一小时就变换一种颜色：淡红、草绿、金黄、灰色……当地人就把它捉回家，当成看颜色推算时间的"虫钟"。在中国黄海的一个小岛上的驴，每隔一小时就"嗷嗷"地叫一次，误差只有 3 分钟，被当地人称为"驴钟"。

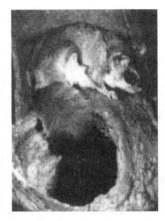

鼯鼠和它的"树洞家"

更为神奇的是，动物不光是知道钟点，还知道日程呢！

燕子每年都要进行一次长途旅行。白雪皑皑的冬天，燕子南飞到南洋群岛、印度和澳大利亚等地避寒。春暖花开的时节，它们又成群结队地北上——早春二月到了广东，三月到达福建、浙江及长江下游，四月初可以在秦皇岛看到它们的踪迹。

北半球漫长的冬天开始以后，成百头灰鲸告别北冰洋，游行 1 万千米横渡浩瀚的太平洋——"拜访"墨西哥的下加利福尼亚半岛沿海。一年一度，从不"失约"——总是在二月初到达，最多相差四五天。

灰鲸

最奇妙的，要算生活在海滩上的琴师蟹即招潮小蟹了——因为雄蟹有一只巨大的螯，看上去就像正在拉小提琴的琴师而得名。白天，它藏在暗处，身体的颜色变深；夜晚，它们四处活动，身体颜色变浅。人们发现，琴师蟹体色最深的时间，每天会推迟 50 分钟，而大海涨潮和落潮每天也恰好推迟 50 分钟！看来，琴师蟹与大海之间，还真有"默契"。

在每年五月的月圆以后，闪闪发光的银鱼，总是不失时机地被美国太平洋沿岸会出

琴师蟹

现一次最大的海潮冲上海岸——完成传宗接代的任务之后，随着海浪回归大海。

为什么燕子和灰鲸的长途旅行这么准时？为什么银鱼从不错过这一年一度的大好时机？究竟谁向动物报告了时间？

原来，在动物的体内有一种类似时钟的物质——"生物钟"。

那么，生物钟是在动物体内的什么部位？又是怎样起作用的？这是科学家正在努力探索的问题。一般认为，生物钟是通过激素或中枢神经系统起作用的——类似于古代计时的漏刻，或物理学中具有周期性变化的振荡器。当然，不同动物的生物钟位置不一样。

低等动物也有自己的生物钟。草履虫的生命中枢——细胞核的大小，在一天内会发生周期性的变化——中午12点最小，以后逐渐增大，到夜间12点变得最大。

深入研究的结果表明，细胞中的DNA在一天的不同时间里，会制造出不同种类的蛋白质。由于细胞的各种活动，与细胞在一天的不同时间里所具有的蛋白质有关——所以细胞的活动也就有了一定的生命节律。由此看来，生物钟也许是生物细胞的基本组成部分。

蟑螂是众所周知的"夜行侠"。目前人们已经在它的咽下神经节找到了控制生物钟的物质——一群神经分泌细胞，位于神经节的侧面和腹面。它们有规律地生成控制蟑螂活动的激素，使它"昼伏夜出"。

蟑螂

一种绿蟹的眼柄被摘除之后，体色随昼夜变化的规律就消失了——它的生物钟就在眼柄中。

近年来发现，鸟类和哺乳动物的生物钟就在脑的下方的松果体内。摘除一只麻雀的松果体，它每天的活动周期就消失了；而把别的麻雀的松果体移植进去，它的活动周期就恢复了。

生物钟为人们提供了控制禽畜生长和繁殖的有用工具。例如，夏天母鸡产蛋多，延长白天时间可以让母鸡多产蛋。于是用明亮的人造光源照射母鸡促使其多生蛋。又如，采取"缩短黑夜时间利于牛、羊发情"的规律，可以

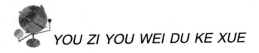

增加它们的交配次数，加速繁殖。

对生物钟的研究，还为人们控制害虫提供了有益的启示。例如，科学家正在研究如何调整蚊、蝇和农业害虫的生物钟，使它们在缺少食物、温度极不适宜的季节成熟，以大幅度地消灭虫害。

在使用杀虫剂的时候，一种奇怪的现象引起了人们的注意——相同浓度的杀虫剂，在一天的不同时间里有着不同的杀虫效果。例如，用除虫菊灭蝇，下午3点特别有效；而用它来杀灭蟑螂，则下午5点半最有效。看来，这又是生物钟在起作用。显然，将生物钟的知识用于控制虫害，既有助于节约药物和时间，减少环境污染，又能达到最大的杀虫效果。

植物也有生物节律。例如，阿根廷的一种野花，每到初夏晚上8时左右就纷纷开放，成了"花钟"；由于此时正当青年男女约会的时光，所以人称"情人花"。马来西亚有一种名叫"新宝"的树，每天凌晨3时开花，次日下午4时落瓣，从不误时；据说，这台"树钟"按时花开花落，至今已有100多年了。甚至在我们的身边，也可以看到植物的生物节律：蚕豆白天张开的叶子，晚上是下垂的——豆科植物都有的24小时周期睡眠节律。

植物的生物节律也可以改变。一种灯照菊花，从夏末开始的每天傍晚用电灯照射，就可以抑制它的花芽发育，以便到适当的时候停止人工光照，让它发芽。现在流行的"大棚蔬菜"，就用了类似的方法。

三里岛何出核事故

"出事啦！出事啦！"

1979年3月28日凌晨，美国三里岛核电厂的2号机组正接近满负荷运行。突然，一阵紧急呼叫，几乎盖过了机器的轰鸣。

原来，由于蒸汽发生器的冷却丧失，核反应堆和汽轮机自动停止运行，三个辅助给水泵自动起动。可是，因为给水管上的阀门在检修之后忘了打开，蒸汽发生器得不到必要的冷却，致使蒸汽发生器烧干而不能冷却一回路系统的冷却剂。一回路系统的温度和压力上升，使得卸压阀自动打开，但是这个阀门却没有回座，使一回路1/3多的冷却剂（约121米^3）从系统中流失，造成失水事故。在事故开始之后两分钟，应急堆芯冷却系统投入运行，将新的冷却水注入一回路系统。然而，电厂运行人员错误地认为一回路系统已经注满了水，几分钟后关闭了高压应急注入系统，导致核电厂堆芯开始过热熔化。

在事故开始后128分钟之后，运行人员才发现稳压器阀门是打开的，急忙关上阀门，反应堆冷却剂的流失停止了。在事故发生大约3.5小时之后，大量高压冷却水注入，堆芯过热熔化才结束。

美国三里岛核事故，是当时商用轻水堆核电厂最严重的事故——反应堆堆芯严重损坏，部分堆芯熔化，4人受到轻微过量的γ辐射，好在没有人员伤亡。按照国际核事件分级表，这次事故被定为5级——有场外危险的事故。

当然，此前也发生过几次核事故。1961年1月，美国爱荷达州的一座3万千瓦实验沸水核反应堆（不是商用核电厂），因蒸汽爆炸引起核辐射泄漏，使3人当场死亡。

那么，三里岛核电厂的这些操作人员，为什么会犯这样的"低级错误"呢？后来，经过美国研究人员调查证实，有8%长期上夜班的工人因睡不好觉而影响健康，而在每个星期都轮班的时候，更有多达60%的人在上班的时候打盹或注意力不集中。这次三里岛事故，以及 1986 年 4 月 26 日 1 时 23 分发生的前苏联切尔诺贝利核电站事故，都发生在后半夜——均为工人打盹或注意力不集中造成的。切尔诺贝利核电站事故，使 203 人得了严重放射性疾病（其中 31 人死亡），厂房被严重破坏，环境污染使附近居民遭到核辐射，直接经济损失超过 20 亿卢布。

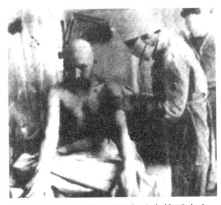
紧急救治切尔诺贝利核电站事故受害者

为什么这些操作人员会在上班时出现这种状态呢？原来是人体内的"生物钟"转到了他们的"低潮期"（或称"危险期"）上。

20 世纪初，德国柏林著名内科医生威尔赫姆·弗里斯和奥地利维也纳的心理学家赫尔曼·斯瓦波达，通过长期的临床观察，发现病人存在着一个以 23 天为周期的体力盛衰和以 28 天为周期的情绪波动。大约 20 年后，奥地利因斯布鲁克大学教授阿尔弗累特·特里舍尔，在研究了数百名高中生和大学生的考试成绩后，发现人的智力以 33 天为波动周期。这就是所谓"月生物钟"。据此，科学家把这三种周期描绘在同一个坐标系上，绘制出一幅揭示人体生物月周期的波浪形曲线图——体力、情绪和智力的曲线图。

根据这个曲线图，就可以找出体力、情绪和智力的低潮期，避免在此时让操作人员进行重要工作。事实上，美国科研人员试验把他们的工作时间调整了 9 个月之后，生产效率提高了 20%。

具体是这样考虑的。上述三个周期的一半称为"临界日"，即体力、情绪、智力周期的临界日分别为 11.5、14 和 16.5 天。周期从出生之日算起。临界日就是人的危险期，"双临界日"（两种临界日重叠）危险更大，"三临界日"（三种临界日重叠）危险最大。所以人应避免在临界日（特别双、三临界日）办重要的事情，以免发生不测。

在人体内部发现的诸如智力、情绪、体力等呈

现周期性变化的规律，就是受生物钟控制表现出的必然规律——生物节律。

在人体内部，还有"日生物钟"。日本科学家发现，人的日生物钟周期是24小时18分——与时钟不同步。科学家们发现，人体内形形色色的生物钟有100多种。

科学家还发现，动物和植物也有生物钟。一些动物的"日生物钟"周期是23～26小时，而一些植物是22～28小时。

为什么人和其他生物都有生物钟而呈现生物节律呢？原来，生物体内存在着"钟基因"（clockgene）——一种计时基因。钟基因内的蛋白浓度每天24小时循环升降，可规范不同的活动，如睡眠、进食和其他新陈代谢的基本功能。科学家从哺乳动物、昆虫及人类身体内部找到了钟基因，证明钟基因是自古就保存下来的。

目前，生物钟和生物节律还有许多奥秘没有揭开。

例如，人的生物钟在哪个部位？许多人认为位于视交叉上核：左右眼伸出的视神经细胞在脑底部相互交叉，交叉点上方有一组神经元细胞集团，这就是生物钟所在位置。也有的说在其他部位。1998年的一期《科学》杂志，刊登的美国康乃尔大学康贝尔和莫装的报告指出，人体生物钟位于膝盖后方部位。21世纪初，美国北卡罗来纳州大学的科学家发现，哺乳动物的眼、皮肤、脑内的一种被简称为CRY的色素控制着生物钟，它通过吸收太阳的蓝光，将信息传到大脑，继而引发身体内各种生理反应，如身体温度、血压、精神状况等。由于这种CRY色素不单只是在眼睛内，而且也散布在皮肤上，因此，视力有问题的人，他们的生物钟也会受阳光影响。科学家也在植物中发现了这种CRY色素。

又如，生物节律是不是受地球运动周期性的影响？这个问题，也没有确定的答案。

生物钟对人体健康长寿和提高劳动生产率，有非常大的影响。法国作家如巴尔扎克（1799～1850）经常通宵达旦地写作。奥地利作曲家莫扎特（1756～1791）的创作时间是在晚上——他的著名歌剧《唐璜》，就是在一个夜晚写成的。俄罗斯化学家门捷列夫（1834～1907）也都是在晚上工作的。与此相反，法皇拿破仑（1769～1821）则从早晨 3～4 点就开始了一天的工作。德国剧作家兼诗人伯托尔德·布莱希特（1898～1956），也喜欢在清晨写作。为了延长人的寿命，科学家们一直在进行如何"拨慢"生物钟的探索。

　　人体生物钟无法适应非 24 小时长度的昼夜节律，这对很多从事非 24 小时循环工作的人来说不是一件好事。比如宇航员，因为在太空中往往是 23.5 小时为一天，探索火星的宇航员们将会以 24.65 小时为一天。美国国家太空生物医学研究所人类行为研究组正试图发现对抗法，帮助人们适应变化了的昼夜长度。

有趣的 "食物链效应"

在一个海岛上，住着狐狸和野兔。狐狸吃野兔，野兔吃翘摇草。当翘摇草生长旺盛的时候，野兔就多，狐狸也容易得到美餐，总数也就多了起来。但是，当狐狸数量多到没有足够的野兔充饥的时候，一部分就会因饿死和相互间的残杀而使总数减少。狐狸数量一减少，野兔相对就安全一些，总数又会增多，这又会引起狐狸总数新一轮的增加……

这，就是生物之间弱肉强食既斗争又依存的关系——"食物链效应"。地球上每一个有生命的地方都存在类似的食物链，而且还和人类密切相关，如果不加以正确保护，就可能引出悲剧——下面的凯白勃鹿事件就是其中之一。

凯白勃鹿——一种体态优雅、性情温驯，深得旅游者喜爱的鹿科动物。它的老家，在美国亚利桑那州广阔的草原上。在这个草原上，凯白勃鹿最大的天敌是美洲狮和狼。

狮与狼的捕猎，大大促进了鹿的奔跑速度，使得那些强壮、动作敏捷而速度飞快的鹿，有更多的生存机会。千百年来，在这个州的凯巴伯森林中，凯白勃鹿群的数量一直保持在 4000～4500 头。狮、狼、鹿和草原，生活在一种良好的自然生态平衡状态之中。

凯白勃鹿有较高的经济价值，是当地重要的支柱产业。精明的美国人，一直希望鹿群的数量能迅速增加。在 1906 年，西奥多·罗斯福（1859～1919）总统（1901～1909 在任）宣布，凯巴伯森林为全国狩猎保护区。同年，美国亚利桑那州也通过法律形式把本地森林保护区变为狩猎保护区，禁止所有人持枪进入捕杀凯白勃鹿。

开始几年，凯白勃鹿倒是"鹿丁兴旺"，但好景不长，它们的数量并没有因为"特别关照"而增加。

这又是为什么呢？美国人不得不重新分析问题，终于找到了影响鹿群数量增长的决定性因素——由于鹿是那些狮和狼吃掉的。于是，当人就推行"杀狮狼，保鹿群"的计划——枪打、毒饵、火烧、网捕、陷阱、炮轰……在短短的十几年时间内，由于持续不断地捕杀，到了 1925 年，美国人取得了捕狮 1500 头、杀狼 3100 头，即 99.9% 的狼被捕杀的"辉煌"战绩。

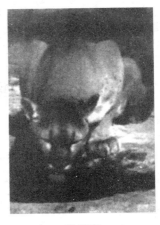

美洲狮

美洲狮与狼的悲惨遭遇，换来了凯白勃鹿"幸福而悠闲"的生活——从此不再担惊受怕，许多新生代不知美洲狮为何物，在美丽的大草原上，尽情地享受着"绿色植物的甘甜"。由于有众多的母鹿，公鹿也没有必要为了争夺交配权而进行格斗。就这样，鹿群以每年 20% 的速度迅速增殖，1925 年就达到了惊人的 25 万头——差不多是原来的 60 倍。

然而，一个意想不到的结果出现了！

狼

由于草的生长速度远远低于众多的鹿啃吃的速度，鹿开始大批死亡，土壤也越来越贫瘠。树叶也经不住鹿群的饕餮大餐而荡然无存。就这样，生态环境遭遇到了空前的破坏，沙漠化的迹象开始出现。冬天，寒雪封住了草原上最后的稀疏草皮，大批的鹿没有足够的草料过冬。当"春风吹来的时候"，难以计数的鹿早已死去，成了食腐秃鹫的幸福乐园……

就这样鹿的总数逐年减少，到了 1940 年，仅存 2500 头鹿——比过去的自然数量还少。

这种破坏生态平衡，斩断食物链的例子不胜枚举。人们为了得到更多的鱼而捕杀以鱼为食的水獭，但发现水獭被"斩尽杀绝"之后，鱼也消失了。后来人们才知道，原来水獭吃的大部分是游得慢的病鱼，可防止鱼瘟蔓延。

食物链这个词的来源，也有一段有趣的故事。1942 年，美国明尼苏达大学的一位 20 多岁的青年学者林德曼，受到中国"大鱼吃小鱼，小鱼吃虾米，虾米吃泥巴"、"一山不存二虎"等谚语的启发，对达尔沼泽湖生态系统的营养结构进行了三年研究之后，终于首先提出了食物链这个概念，并创立了相关理论。

当然，最早对类似问题进行研究的倒不是林德曼。在 1859 年出版的生物进化论巨著《物种起源》中，英国生物学家达尔文（1809～1882）就说，他曾观察到"猫多羊就多"的现象。他研究的结果，是这样一条食物链：猫（吃鼠）多→鼠（吃丸花蜂，破坏蜂窝）少→丸花蜂（传授花粉）多→三叶草（被羊吃）多→羊多……

长颈鹿

中国古代战国时期的《庄子·山木篇》中，则更早记载了生物彼此之间的相互斗争和依存的关系。

物种灭绝中的 "多米诺效应"

2006 年 2 月 27 日，北京 2008 年奥运会之前的最后一届冬奥运会——意大利都灵冬奥会胜利闭幕。在闭幕会上，一群意大利青年身着 "多米诺骨牌服装"，向世界各国来宾展示意大利人原创的 "特产"——多米诺骨牌。

多米诺骨牌引出的各种艺术作品不计其数，"多米诺效应" 已经成为常见的专用名词，而且还由此衍生出许多 "副产品"——物种灭绝中的多米诺效应就是其中之一。

在 20 世纪 40 年代末和 50 年代初，原产澳洲等地的棕树蛇（即褐树蛇），搭乘美军战斗机由新几内亚悄然进入关岛。在棕树蛇入侵关岛的 50 年中，它 "胃口大开"——当地的 13 种森林鸟被它们吃光了 9 种，约半数（6种）的蜥蜴和 2 种蝙蝠绝种。

多米诺骨牌

不但如此，棕树蛇还给当地人带来其他巨大的危害。例如，它在电线上爬行会导致线路短路，关岛每年因此损失超过 100 万美元。此外，它还攻击人类。直到现在，棕树蛇不但仍然保持着当地物种第一杀手的显赫地位，而且还以同样的手段陆续扩张到密克罗尼西亚、夏威夷、美国本土和西班牙。这就是著名的 "棕树蛇入侵" 事件。

本来，物种的新生和灭绝不值得大惊小怪——自从地球上有生命以来，优胜劣汰、适者生存，亿万年都是这样走过来的。但是，对于我们特别喜爱的物种，如果灭绝得太多太快的话，我们心里总不是滋味——不管从丰富生活，还是从生产、科研的角度看，都是如此。于是，保护濒危物种，保持生物的多样性的问题，就时刻摆在 "地球人" 面前。

现实不容乐观。一篇叫《生存之链》的文章中提到，现在地球上的生物以每天一两百种的速度从地球上灭绝！这和 2004 年的一期英国《自然》杂志预测吻合：1/4 的陆地动植物（即 100 多万种生物）将在最近 50 年内灭绝。

棕树蛇

更为可怕的是，每一个物种灭绝会导致 10～30 个物种灭绝——这就是物种灭绝中的多米诺效应。为了纪念这些不幸的"牺牲品"，北京于 1999 年在麋鹿苑建造了一座"世界灭绝动物墓地"。每个墓碑上都写有一种动物的名字，通过倒下的石碑一个压着一个——表示物种灭绝的连锁反应像多米诺骨牌一样。而矗立的墓碑，则镌刻着尚存的濒危物种的名字。

为什么会有物种灭绝中的多米诺效应呢？原来，当一种生物灭绝以后，相关生物的食物链就断了，生态平衡也被打破。在这种情况下，要么相关生物缺食而死，要么缺乏寄生的"寄主"或共生的"伙伴"而亡……下面就是一个因"伙伴"消亡之后，自己也灭绝的例子。

几十年前，英国的田野上出现了一桩怪事——一种叫"欧洲蓝蝶"的美丽蝴蝶，忽然在暖春晴空里没有了倩影。谁也猜不透，这种会飞的美丽"花朵"上哪儿去了。

科学家进行了广泛的调查研究，终于发现蓝蝶已经在英国绝种了——而这与两种蚂蚁灭绝息息相关。

原来，幼虫阶段的蓝蝶分泌出的挥发性物质，有诱惑蚂蚁的特殊香味。闻到了香味的蚂蚁，就爬到蓝蝶幼虫那里去。如果是普通蝴蝶的幼虫，对蚂蚁是不讲客气的，它们会拼命扭曲和摇摆躯体，把蚂蚁赶走——但蓝蝶幼虫却热情欢迎蚂蚁，为这些入侵者提供佳肴，供它们尽情享受。

蚂蚁"去了"，美丽的"花朵"也"飞了"

当然，蚂蚁并不是"白吃白喝"。当蚂蚁发现蓝蝶产卵的时候，就马上派工蚁来照顾这些即将孵化的幼小生命。不仅如此，还派兵蚁守卫在幼虫的周围，防止其他昆虫抢走美食。蚂蚁还会把吃完一片树叶的蓝蝶幼虫，抬到另一片新叶上，让它吃个饱。

很明显，蚁和蝶之间这种生死与共的搭档关系，是经历了漫长岁月考验的。一些蓝蝶成年后，必须得到这种蚂蚁的刺激才会在植物上产卵。而一些蓝蝶幼虫的表皮要比同类幼虫的表皮厚 60 倍。以防止蚂蚁那铁钳一样的上颚刺穿它的表皮。

在北风呼啸的冬天，蚂蚁就把经不住严寒的蓝蝶幼虫搬进自己温暖舒适的蚁穴。这里的合作条件是：蚂蚁吸食蓝蝶幼虫分泌的蜜露，而把它们自己的幼虫作为食物奉献给这位"贵客"。

蚂蚁用触角抚摸蚜虫使它分泌液体

春天的脚步声响了，这曲"田园牧歌"也结束了。刚从茧蛹中钻出的蝴蝶，会受到攻击——曾悉心照料它们的蚂蚁变成了可怕的肉食者。可幸运的是，在新生蝶的体表部附着一层细小的鳞屑，当蚂蚁用颚去攻击它的时候，鳞屑很容易纷纷剥落。由于鳞屑像滑石粉一样保护着蓝蝶，蚂蚁只有跟跟跄跄地在空中乱抓一气——而在此时，蓝蝶就不慌不忙地"拜拜"了。

大自然就是这样复杂而有趣，地上爬的蚂蚁和空中飞的蓝蝶，居然结成了同生共死的盟友。如果灭绝了这两种蚂蚁，就会"城门失火，殃及池鱼"——与蚂蚁相依为命的蓝蝶会随之消失。

由于英国人开来了推土机，把两种蚂蚁的栖息地给毁了。两种蚂蚁灭绝了，和它"朝夕与共"的"花朵"再也没了影踪。

由此可见，爱护环境，保持生态平衡和生物的多样性，是多么重要。因此，美国生物学家、"世界第一女环保斗士"蕾切尔·路易斯·卡森（1907～1964）的话，应该是警醒我们的座右铭："我们必须与其他生命共同分享我们的地球。"

最早用定量公式描述生物之间数量关系的是意大利数学家沃尔泰拉

（1860～1940）。他用数学方法对生存竞争、弱肉强食的现象进行研究之后，得到了定量的"沃尔泰拉弱肉强食方程组"。

　　用数学方法研究生物学的学科，叫生物数学，属于应用数学的一个分支。生物数学是在1901年创立的，其标志是英国数学家、生物统计学的奠基人皮尔逊（1857～1936）创办的《生物统计学》杂志的问世。1939年，前苏联数学家拉舍夫

卡森在野外采集生物标本时的留影

斯基（1907～　　）创办了《数学生物物理通报》杂志，把数学和物理学的方法引进生物学的研究之中，使生物数学得到进一步发展。

体验动物的"生存法则"

在西非的科特迪瓦，有一片1600多平方千米古老而富饶的森林，是西非众多原生物种的避难所。这片森林中，生活着一群黑猩猩。它们比其他动物更多地使用工具，并形成了一个复杂的高度组织化的社会。

说起来真有些神奇——在黑猩猩的社会里，社会组织管理非常严格。

首先，它们各占地盘———群黑猩猩大致守卫10平方千米的领土，每天行走大约4千米，寻找食物，并防止其他黑猩猩群体入侵。为此，雄猩猩用树做鼓来传递信息，让整个群体都明白彼此的叫声。该走哪条路。当然，这奠定了雄猩猩在群体中的领导地位。雌猩猩要在一个群体里度过它们的一生，而一般的雄猩猩到11岁的时候就要"离家出走"。

其次，黑猩猩的生活也非常有趣。它们每天大约花6个小时寻找食物。它们有丰富的食谱——树叶、水果、昆虫、蜂蜜，甚至菌类都是它们爱吃的东西。它们特别喜欢吃从树上掉下来的水果，还会把水果放到溪水里清洗干净，再嚼成为一个果肉球，长时间地从中吸取精华。极其强壮的上肢，使猩猩成了一个伟大的攀登家，由此可以采摘新鲜的树叶和水果。

更有趣的是，黑猩猩还吃坚果。尽管采集到的坚果极其坚硬，仅用牙齿难以咬开。但它们把坚果放在树根的孔里，用特别挑选的石块可以熟练地在一分钟之内敲开两个坚果。这只有西非的黑猩猩具备这种能力，而学会这个本领需用10多年的时间。2岁的小猩猩可以从妈妈那里得到已经敲开的坚果。5岁的时候，黑猩猩就开始学习"自己动手"，直到6岁以后才逐渐有力气成功地敲开坚果。有时黑猩猩敲坚果，会持续几个小时。这是从小训练的结果。

当夜晚来临的时候，黑猩猩就在树上睡觉，而且每天晚上都在一个新的地方为自己搭一张床——只要两分钟。太阳升起之前，黑猩猩醒来的第一件事是吃早饭，蚂蚁是一道美味。它们把木棍插进蚁穴中，让愤怒的蚂蚁攻击木棍，然后将木棍取出，吃掉攀附在上面的蚂蚁。

黑猩猩用石头敲开最硬的坚果

除了人类之外，这里的黑猩猩比任何其他动物制造的工具都多——达到 19 种！最令人惊讶的是一种它能制作类似海绵的工具——把树叶压碎成球状，放进积水的树洞里，然后拿出来放在嘴里吸干。黑猩猩的休息时间很有规律，特别是中午天气热的时候，就美美地睡上一觉。

其实，不单是黑猩猩如此——动物世界普遍存在四个方面的"生存法则"：地域观念、生存训练、群体意识和等级制度。

首先，一起去动物世界，了解它们的"地域观念"吧。

黑猩猩会使用木棍

大到麝牛，小到旅鼠，从天上飞的鸟到地上跑的狐狸都有自己的活动范围。只不过边界并不是靠"重兵把守"，而是靠自己去维护。如果有同类来侵犯，就会引起一场战争——虽然没有炮火连天，刀光剑影，却也会打得难解难分，直到有一方认输为止。虽然，它们的边界并没有国界那样威严和明显，但也是清清楚楚存在着的。狐狸和狼群通常用撒尿来圈定自己的边界，而北极麝牛则把自己浓密的分泌物涂在草上来标明自己的势力范围。旅鼠的活动范围较小，但也有明确的地域观念——除了大迁移之外，从不到其他的码头去觅食。

其次，动物的"生存训练"更让人佩服。

我们知道老鹰是所有鸟类中最强壮的种类。根据动物学家的研究，这与老鹰的喂食习惯有关。老鹰一次生下四五只小鹰，由于鹰的巢穴很高，所以猎捕回来的食物一次只能喂食一只小鹰。老鹰的喂食方式，并不是依照平等的原则——哪一只小鹰抢得凶就给它吃。这样，瘦弱的小鹰会因吃不到食物而饿死，强壮的则存活下来，代代相传，老鹰家族愈来愈强，最终成为所有鸟类中最强壮的种族。

第三，动物的"群体意识"也让我们叹服。

与黑猩猩一样，小到蚂蚁、蜜蜂，大到大象、鲸，都过着组织严密的集体生活。例如北极驯鹿就深知群体的重要，因为只有组成大群才能威慑天敌——一旦分散，就易被狼群"分而食之"。同样，北极狼也过着配合默契的群体生活——只有这样才能捕获到足够的猎物。

驯鹿

麝牛从不单独行动，总是三五只或十几只成一群，一旦狼群来犯，就地围成圆阵，将弱小者包在其中，怒目而视，常能使凶恶的敌人望而生畏，无计可施。鲸虽然活动的范围极大，但也总是集体行动，"边走边唱"，彼此保持紧密的联系。鸟类更是

当麝牛意识到危险来临，立刻围成圆阵

如此，北极燕鸥常常组成成千上万只的大群，不管是狐狸还是狗熊，只要胆敢来犯，就群起而攻之。即使剽悍的北极熊，看到这样的阵势，也得三思而后行。

当然，与人类社会不同，动物群体间很少严重对抗。即使偶有发生，也往往"点到为止"——只要一方认输，冲突就宣告结束，从不穷追猛打，赶尽杀绝。只有蚂蚁是例外——它们之间的战争往往能造成大量伤亡，乃至全军覆没。

最后，我们再来看一看动物世界的"等级制度"。

具有明显等级制度的动物是狼群。每一群体都是以一头最强壮的雄狼为首领，组成一个父系氏族。头狼不仅负责组织和指挥打猎，而且也独占与雌狼交配的权利。打到猎物之后，先由它来享用，接着是它所钟爱的雌狼，然后是哺育幼仔的雌狼和小狼，最后才轮到其他的雄狼和雌狼。当然，首领的地位是不稳固的，更不是终身制，经常受到其他雄狼的挑战。"胜者为王"——一旦被打败，原来的头领和它钟爱的雌狼就降为"二等公民"，往往孤苦伶仃，直到死去。

生活在海里的海象和鲸鱼，也都是明显的父系社会，并且都是"一夫多

妻"。而北极狐狸则有点像是母系社会的"一妻多夫"。麝牛的情况则复杂一些——虽然在前面领路的总是一头雄牛，但是在跋涉苔原及牧地的时候，实际领袖通常是一头怀了胎的老雌牛。除此之外，麝牛还有一奇怪现象：许多雄牛分成几个小组，每组都有自己的领

三头成年北极狼正在教训一头不听话的幼崽

袖。但个别不受欢迎的雄牛，没有一个小组肯接受它，只好孤零零地在草原上乱逛。这与爱斯基摩人惩罚那些不受欢迎的人的办法差不多。

这些法则给我们很大的启示。例如，群体意识是人类社会的一个重要特点。如果没有这种意识，人类社会也就不会有今天的繁荣——人类社会最辉煌的业绩和最伟大的成就都是靠群体完成的，单人独户无论如何也不会有什么大的作为。这种团结协作的群体意识是人类社会极具光辉的一面，但同时也可能变成极其可怕的东西——群体间的相互仇视、怨恨和敌对往往会导致很大的悲剧。再则，人类社会如果没有了等级制度，或一个群体没有领导，则可能陷入可怕的无政府状态，社会就难以维持。

可见，生存法则适用于一切动物—包括作为高等动物的人类。

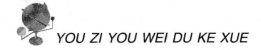
植物有腿也会跑

"植物有腿也会跑"，听起来真是天大的笑话！植物没有腿和手，没有思想和感情，处于食物链的最底层，任由人类摆布，就连昆虫也可以随便吞食它们。但是，事实上并非完全如此。实际上，有一些不可思议的"植物智能"。

前苏联科学家曾做过"植物对痛苦感受"试验：把植物的根部放入热水中，瞬间从仪器中传出植物绝望的"呼叫声"。

美国科学家做过"植物与记忆力"的试验：把两株植物并排放屋内，让一个人当着其中一株植物的面毁掉另一株植物，然后让这个人混进一个由6人组成的队伍中，他们全部戴着面罩，并一起从这株植物身边走过。当毁坏植物的人走过的时候，那株活着的植物就在仪器记录纸上留下强烈的信号痕迹。

向日葵等向光植物的向光性、含羞草的"含羞掩脸"，也可以理解为植物的感情。可见，植物并非没有思想感情，而是相反，有着自己丰富的情感——只是"性格内向"，"不善表达"而已。

一种热带食虫植物刚消化了它逮住的猎物，又张开"嘴巴"，等待另一顿美食——一只在附近飞的昆虫。著名的猪笼草和捕蝇草就有这样的本领。

在辽阔的沙漠里，一株被称为"居留者"的植物遭到了动物的攻击，就立刻喷射毒液还击。生长在墨西哥的一种植物的叶片和茎上，充满高压刺激性液体的管子构成了纵横交错的脉络。一旦

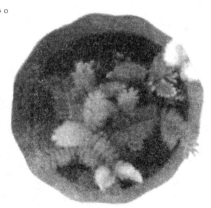

含羞草

昆虫咬了其中的一根管子，它就会喷射毒液，最远可达 1.5 米。一些没有这种喷枪防御功能的植物，却有自动保护装置和系统——在昆虫来吃它的时候释放有毒化学物质。这样，一是通知其他植物加紧制造"化学武器"；二是给这些昆虫的天敌发信号，请它们赶快前来"增援"捕食。

猪笼草的捕虫叶

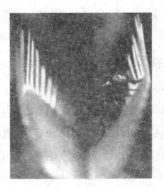

捕蝇草的捕虫叶

加拿大布罗克大学的阿伦·布朗教授，用试验进行了证实。他把毛虫分别放到大豆和烟草的叶子上。当毛虫爬行了 20 秒钟之后，这些植物会在毛虫爬过的地方释放有毒化学物质——过氧化物。原来，昆虫的足接触叶子的时候会产生压力，植物监测到，就会"快速反应"。

植物不仅有防卫意识，而且还有还击方法，甚至会主动出击。

在茂密的森林中，一棵植物被虫咬了，它立刻向周围的伙伴们发出信号——提防入侵者。

科学家们发现，当叶子被昆虫咬嚼的时候，能释放出一种类似动物抑制疼痛而释放的神经激素的化学物质——内啡肽。

就像前列腺素能帮助人体抵抗细菌的攻击一样，茉莉酮酸能引起植物的叶子制造出一种酶——让那些吃了这种叶子的昆虫"消化不良"。茉莉酮酸还能帮助叶子产生缩胆囊素，使昆虫产生"饱感"而早早离去。

植物与它的邻居们能保持通讯联络。当受到攻击和伤害的时候，许多植物能释放挥发性的茉莉酮酸——它的气味信号能提醒附近的植物，在昆虫攻击它们之前开动防御系统。

有些植物的触须有摸索、试探和抓握的能力，例如"藤缠树"或"爬壁虎"之类的植物。

有些植物甚至会对人类进行"报复"呢！

生物学家迈森家里有一株养了好几年的榕树，他每天精心照料这棵树。迈森结婚了，对榕树来说，迈森夫人成了家里的"第三者"。没过多久，迈森夫人就得了以前从未得过的好几种怪病——特别怀孕后得了严重的中毒症。迈森隐隐约约猜到了原委，于是把榕树移到温室里。说来也怪，夫人的病很快就好了，还生了个大胖儿子。

"古榕沐春风"

这事真值得怀疑，难道植物也要"吃醋"？但这是有文献记载的。

还有一个类似的例子。有个圣彼得堡的妇女，老是情绪低落。原来，她的墙上挂满了紫露草。这种植物同绝大多数"悬垂"植物一样，容易令人心情沮丧。医生建议她把墙上的紫露草剪短，不要让它长得过长。她照办之后，情绪果然好转。

俄罗斯的一句谚语说出了这种植物与人类的微妙关系："屋里养花，男人离家。"这确实有一定道理。因为家里给花草浇水上肥的一般是女主人，花草就把她同"积极因子"联系在一起。而男人对花草一般不感兴趣，有时还在花根上摁灭烟头，把花盆当烟灰缸，结果引起了花草的反感，有可能释放有害物质。

有几种仙人掌释放出的生物碱，可能使贪杯者变成不可救药的酒鬼。西红柿可能成为你失眠的原因。还有些植物——例如虎尾兰、常春藤和玫瑰等，也能加剧人的失眠。当然，有些植物例如天竺葵和老鹳草，就容易使人平静。

除此以外，科学家们还观察到，除了不能"到处跑"以外，植物几乎能做动物能做的一切事情，能有效地、有时甚至迅速地对刺激做出反应。

植物并非完全任由人类摆布，任由动物欺凌。它们有它们的特殊智能，尊重世间万物，与它们和谐相处吧！

紫露草

动物的生存智慧

常言道，"金窝银窝不如自己的草窝"。猛禽中的雕类却与众不同——总要费尽心机在自己的"雕窝"里放上许多带刺的树枝。

这究竟是为什么呢？让我们走进美国科罗拉多州的大峡谷探个究竟吧！

美国科罗拉州大峡谷中的雕类，总是在自己的"雕窝"里放上带刺的树枝——不顾劳顿，一天飞行300多千米，去寻找那种被称为"铁树"的带刺的树枝。铁树枝不仅像它的名字一样坚硬，而且枝上还生着许多刺，这些刺可以使得雕巢能够牢固地建在峡谷的悬崖上。

金雕

巢建好后，雌雕要在上面铺上树叶、羽毛、杂草，防止幼雕被刺扎伤。幼雕出生后在窝里渐渐长大，开始在窝内争夺生存空间。它们对食物的需求量迅猛增加，以至雌雕再也满足不了它们的需求。这时，雌雕本能地感到，为了让这窝幼雕生存下来，就必须让它们离巢，自己去捕食。为了激发幼雕的独立生存能力，雌雕开始撤去巢内的树叶、羽毛等物，让树枝的尖刺显露出来。巢变得没有从前那么舒适了，幼雕们只好纷纷躲到巢的边缘上。这时，雌雕抓住时机，逗引它们离开巢穴。在母亲的逗引下，幼雕开始尝试离巢学习飞行。

原来带刺的雕窝真正的缘由竟在这里——这是一种深沉的母爱，更是一种生存的智慧。

然而并非所有的动物妈妈都像雌雕那样充满"母爱"。

普通欧洲蛙一次可产数千粒很小的卵。但是，雌蛙产卵后根本不照管自己的"亲生骨肉"。因此，幼体成活率很低。

不过，同科的动物和它却有天壤之别。例如，有毒负子蟾仅产数十粒卵，卵粒很大，由于亲体的精心照料，幼体成活率就较高——母爱的多少与成活率有很大的关系。同是"母亲"，为什么有的煞费心机爱护幼体，有的根本不把它当作一回事呢？还是让我们听听英国鸟类学家 D. 拉克的分析吧？

早在 1954 年，拉克就发现，不同的鸟类在产卵上存在着质和量的差异。为保证幼鸟成活率最大，不同的鸟类有不同的高招。例如，体

美国科罗拉多大峡谷

形大小相似的物种，如果产卵大则卵的数量就少，反之卵越小则数量上就会越多。在一个区域内食物是有限的，想把这有限的食物用来保证物种的继续繁衍，必然要在护幼力和生育力上做出选择。于是往往只有两种选择：低生育力，高护幼力；高生育力，低护幼力。

原来，普通欧洲蛙和有毒负子蟾的行为都是一种对种族的保护，是一种求种族生存的自然选择。当然，这种选择体现了动物的生存智慧。

普通欧洲蛙

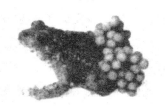

有毒负子蟾

一山为何不容二虎

虎在山上行，鱼在水中游，猴在树上跳，鸟在天上飞，这是再自然不过的事了。可为什么这些生物要在不同的空间生存呢？

我们先来看一个"生态位"实验。

一天，在俄罗斯的某座城市里，有位戴眼镜的中年人，走进一间实验室，把双小核草履虫和大草履虫，分别放在两个相同浓度的细菌培养基中。

几天后，中年人发现它们的种群数量都呈"S"型曲线增长。接着，他把它们又放入同一环境中培养，并控制一定的食物。16天以后，培养基中只有双小核草履虫自由地活着，而大草履虫却消逝得无影无踪。在培养过程中，他对现场进行过仔细观察，他没有发现一种虫子攻击另一种虫子的现象，也没有看见它们分泌出什么有害物质；只发现双小核草履虫在与大草履虫竞争这些食物的时候，处于优势。最终结果是，大草履虫被赶出了培养基。

草履虫

于是，他又做了另一个试验——把大草履虫与另一种袋状草履虫放在同一个环境中培养。结果，两者都能存活下来，并且达到一个稳定的平衡水平。原来，它们虽然也吃同一种食物，但袋状草履虫吃的是——食物中大草履虫不吃的那一部分。

做这个试验的中年人，叫格乌司。后来，人们就把他的这种发现称为"格乌司原理"，也叫"生态位现象"。

"生态位"是生物存在发展的客观位置。在生物界，大自然尽量用时间、空间或不同的食物，错开各种生物的位置。一般亲缘关系接近的、具有同样生活习性或生活方式的物种，不会在同一地方出现。如果它们在同一区域内

狮子

老虎

出现，大自然会用空间把它们隔开。大凡在同一地方出现，必定是吃不同的食物——例如虎吃肉，羊吃草，蛙吃虫。如果吃同一种食物，那它们的觅食时间必定会错开——例如狮子白天寻食，老虎傍晚觅食，狼深夜找食……

与狼相比，羊似乎是弱者。但是，自有狼以来，羊从来也没有在这个地球上消失过——仍旧在生生不息地繁衍，并且物种不断进化。这里一个重要原因，就是羊选对了自己的生态位：吃草、群居、跑得更快……

狼

高鼻羚羊

按照格乌司原理，一个物种只有一个生态位，但并不排斥其他物种的侵占。例如一山不容二虎，并不是说这山的老虎不能到那山，而是过去之后就会发生一场生死搏斗。竞争是大自然的生存法则——正如下面的一个童话故事。

非洲大草原的动物，太阳一出来，它们就开始奔跑。狮子的妈妈在教育孩子："你必须跑得快一点，再快一点，你要是跑不过最慢的羚羊，你就得饿死。"在另一场地上，羚羊妈妈也在教育自己的孩子："孩子，你必须跑得快一点，再快一点，如果你不能比跑得最快的狮子还要快，你就要被它们吃掉。"

人类也有自己的生态位——每个人群、每个个体。人类的生态位优势是智慧，每个个体的生态位是特长。用生态位法则审视教育，培养学生的特长就尤其重要。

实在错不开，弱势物种为了保护生存空间就要进行合作——下面的一个寓言故事可作说明。

在非洲大草原上，如果看到羚羊在奔跑，那一定是狮子来了；如果看到狮子在躲藏，那一定是象群在发怒了；如果看到狮群或象群集体逃命，那是蚂蚁军团来了。这就是合作的力量。作为有智慧的人，合作更是生存与发展之道。

生态位现象给我们的启示是，世界上任何事物的存在与发展，必须找准自己的"生态坐标"。否则，就会影响存在与发展，甚至消亡。

一个童话说，两只老虎，一只在笼子里，一只在野地里。在笼子里的老虎三餐无忧，在外面的老虎自由自在。两只老虎经常进行亲切的交谈；笼子里总是羡慕外面的自由，外面的却嫉妒笼子里的安适。一天，笼外的老虎对笼内老虎说："我们换一换位置吧。"于是，笼子里的老虎走进了大自然，野地里的老虎走进了笼子里。从笼子里走出来的老虎高高兴兴，在旷野里拼命地奔跑；走进笼子里的老虎也十分快乐，它不再为食物而发愁。但不久，两只老虎都死了——从笼子中走出的获得了自由的同时，却没有获得捕食的本领，饥饿而死；走进笼子的得到了安适，却没有得到在狭小空间生活的心境，忧郁而死。

同样是老虎，但各自的生态位完全不同——因没有认清自己的生态位，都走向了死亡。

大自然给每一种动物都提供了一个适应其生长的特殊环境——生态位，且每一个生态位都具备一定的优势，因而一定要找准自己的生态位，如果偏离了生态位，往往容易招致失败。

"长寿基因"助你"长生不老"

一曲"向天再借五百年",唱出了世人的心愿——真的,谁不想再活500年呢?古往今来,为了长生不老人们冶炼丹药、遍寻仙山、求神拜佛……可是,"白发三千丈,缘愁似个长。不知明镜里,何处得秋霜"(李白),一次次都以失败而告终——长生不老始终是水月镜花。

但是,人们并没有因此放弃这种努力——大自然又一次当了我们的老师。在适宜的条件下,变形虫依靠分裂繁殖可永生不死。生殖细胞和癌细胞也可长生不老……值得高兴的是,时至今天,科学家们就在这些研究中,获得了许多重大的突破——实现相对"永生",已不是绝对不可能。

欧洲肿瘤研究所的一个研究小组在米兰宣布,他们发现了一种与生物寿命有关的基因。抑制这种基因的作用,有助于延长生物寿命。该所的研究人员发现,消除实验鼠体内名叫 P66SHC 的基因或抑制它的作用,实验鼠对疾病的抵抗力就能增强,寿命也就大大延长。

另一个重大突破是,美国福尼亚技术学院的科学家西默尔·本泽(1923~)研究发现,在活得长的果蝇体内有一种特殊的基因在起作用,利用这种基因可以使其他果蝇的寿命延长35%。本泽将这种基因命名为"玛士撒拉基因"。玛士撒拉是《圣经·创世纪》中的人物,传说活了969岁。如果人的这种基因被发现和充分利用,可以使人超过彭祖(中国古代传说中的长寿者),超过玛士撒拉。

这种基因之所以能改变果蝇的寿命,主要是因为它可以对果蝇细胞在吸收能量上进行控制,让果蝇细胞"节食"。这种基因分布在果蝇的两条染色体上,如果只改变一条染色体上的基因,那么果蝇的寿命会延长一倍左右,但如果同时改变两条染色体上的基因,果蝇就会因为过分"节食"而饿死。

为了实现"再活五百年"的愿望,世界各地科学家对长寿基因如火如荼

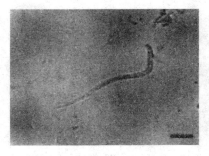

线虫

的研究和实验有了实质性的进展。特别是对基因的改造，让我们看到一些曙光。

美国麻省理工学院的科学家对一种线虫进行基因改造。剔除线虫的一个"SIR2.1基因"或者增加一个同样的基因，成功地将它的寿命延长了50%——原本只能生存两周的线虫，可生存三周。

我们知道，动物中有"千年乌龟"，植物中有"万年古柏"。例如，在2005年7月，科学家就在埃及西奈半岛南端的低地处发现了一棵18米高的伞状老槐树。经测算，它的寿命已经有3559年。又如，美国科学家曾使一个已存在2.5亿年的细菌复活。他们是在美国新墨西哥州的卡尔斯巴德附近的一个地下洞穴中发现这个细菌的。它生活在一个古老的盐晶体中，处于一种休眠状态，这证明了细菌孢子可以无限期地生存下去。它对于人类研究长生不死肯定有着深远的意义。2亿5千万年的岁月对于年不过百的人类来说，几乎相当于永恒。细菌的苏醒，给长生不死带来了又一缕曙光。

为此，我们有理由相信，随着基因研究的不断突破，人不仅可以长生，还可能不老。人类基因组科学研究公司董事长威廉·哈兹尔廷就说："我们很有可能在自身的基因中找到永葆青春的源泉。细胞替换也许能使人永葆青春和健康。"

如果说，"基因工程"让我们看到了永葆青春和健康的希望，那么，对于干细胞的研究则坚定了我们的信心。

在1999年12月，美国《科学》杂志公布了当年世界科学进展的评定结果，干细胞的研究成果列在举世瞩目、耗资巨大的人类基因组工程之前，名列十大科学进展首位。干细胞的"干"译自英文"Stem"，意思是"树"、"干"和"起源"——干细胞就是原生细胞。

那么，干细胞对长生不老有何作用呢？

西奈半岛南端的伞状老槐树

哈佛大学的研究人员首先教两只鹦鹉学唱歌，然后将其中一只鹦鹉的脑中枢神经破坏而失去了唱歌的本领；然后，把另外一只鹦鹉身上提取的干细胞注入这只受损的鹦鹉体内。奇迹出现了——这只不会唱歌的鹦鹉同先前一样可以唱歌了。由此可见，干细胞进入异体后，经过分化，可以按受体的信息修复、整合出受体中受损细胞的原始功能。

干细胞使器官移植的概念逐渐被细胞移植所代替，实现自我修复，同时也解决了异体器官移植的排斥问题。眼睛近视了或者眼球受到伤害，只要从自身的眼球内提取干细胞，就可以重见光明。心、肝、肺出了毛病，把自身的干细胞打进去，就能达到修复器官的目的。

我们有理由相信，随着生命科技的不断进步，人类将在不久的将来很方便地用自我生产的"原配件"自动修复出了毛病的"零件"，实现长生不老。

对干细胞的研究，使征服衰老进入一个新的里程。以前，靠激素类的褪黑激素、生长激素、胸腺因子和去氢表雄酮（DHEA），维生素类的 A、C、E，普通元素钾、钙、镁、铁及微量元素硒、锗等配伍，才能多多少少地延缓衰老。而干细胞技术，则可以方便地换掉身体的各种陈旧部分。

还有更美的事。20 世纪 30 年代，美国生物学家缪勒（1890～1968）和女遗传学家麦克林托克（1902～1992）就发现了"端粒"结构。1984 年，分子生物学家们发现了"端粒酶"。科学家们把端粒称为"寿命开关"或"生命时钟"，把端粒酶称为"长生不老酶"。从 1990 年起，凯文·哈里把端粒和人体衰老挂钩，并进行了大量的研究。

对存在于染色体末端的端粒及维持端粒长度的端粒酶的深入研究，为长生不老打开了又一扇门。人类的细胞在分裂 50 至 60 次后就会停止分裂，呈现衰老状态。原来，细胞每分裂一次，染色体顶端的端粒就缩短一次，当端粒不能再缩短的时候，细胞就无法继续分裂而开始死亡。当然，并非所有细胞都会死亡——比如癌细胞就可以无限制地重复分裂，永不衰老。也正是不会衰老的癌细胞，为我们的研究提供了重要线索。一旦活化人体细胞中产

端粒（图中的亮点）位于染色体末端

生端粒酶的遗传基因，让人体细胞像癌细胞那样无限地分裂下去，那么，细胞还会死亡吗？人还会死吗？

在1998年1月，美国得克萨斯大学达拉斯分校和一个老年团体合作做的一个实验表明，把端粒酶导入遗传基因之后，能让细胞正常分裂的次数增加20次。这就为抗衰老提供了实验依据。

端粒酶的研究，虽然只是刚刚起步，但无疑为实现人类不懈追求的长生不老之梦带来了新的希望——找到了拨慢"生命时钟"的方法，实现长生不老的梦想。

端粒酶的结构

如果说，我们对细胞端粒的研究，是给长生不老信念的一剂"强心针"，那么，新近对"死亡激素"的研究，则是给长生不老信念的一颗"定心丸"。

生物学家对章鱼的试验证明了这一点。雌性章鱼一旦在"生儿育女"之后就悄悄地死亡。科学家揭开了其中的奥秘——章鱼的眼窝后面的一对腺体上，到了一定时候就会分泌一种化学物质，导致章鱼自身死亡。生物学家称这种化学物质为死亡激素。人类有没有类似章鱼的这种"死亡之腺"呢？经过研究发现，答案是肯定的。不过，人类的死亡之腺不在眼后，而在脑中——它就是脑垂体。科学家的研究证明，人的脑垂体也定期释放死亡激素，使人走向死亡。

科学家又用年老体衰的大鼠做了对比试验。把它的脑垂体切除掉，为了不影响其他激素的分泌，同时对大鼠移植人工甲状腺素。奇迹出现了——老年大鼠的免疫功能及心血管系统竟然恢复了青春。脑垂体所分泌的死亡激素的确是促使人类死亡的一个关键的原因。找到了关键，人类延长寿命就有了希望。当然，简单地把脑垂体切除掉并非上策。科学家将进一步搞清死亡激素是由脑垂体的什么细胞产生的，怎样发挥作用，进而采用药物、手术等多种现代医疗技术来破坏死亡激素的产生，或大力延缓它的出现，从而大大延长人类的寿命。

此外，韩国媒体在2006年6月14日报道，韩国科学家发现了一种叫"CGK733"的物质，有抗衰老作用。把它注入人体中已经老化而停止分裂的

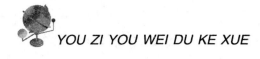

细胞以后，老化的细胞会重新开始分裂。

目前，科学界把细胞基因复制失败作为衰老的原因——但没有最后确定。不过，为了延长寿命，倒是有"饭吃八分饱"的民间"秘方"。这个"秘方"在 20 世纪 30 年代的一个实验中得到验证：把出生 300 天的小鼠，分为饱食的一组和半饱的一组——结果后一组成熟较晚，平均寿命要高两倍。

基因、干细胞、端粒酶、死亡激素……如同"小荷尖尖角"，为人们揭开了长生不老奥秘的冰山一角。随着基因图谱的彻底破解，生命科学将释放出什么样的力量，现在无法想象和估计。但是，可以肯定一点——到那个时候，向天再借五百年绝不只是梦想。

有趣的"左撇子"现象

爱因斯坦、拿破仑、毕加索、卓别林、克林顿、比尔·盖茨、马拉多纳和赵本山，这八路英雄"聚会"了。"不可能——他们既不同国家，也不同时代。怎么这样生拉活扯？"你也许会说。

是的，这一个个时代风云人物是不可能"欢聚一堂"的——连他们的民族、肤色、信仰、从事的领域等。都不相同。但是，有心人会发现，他们都有一个共同的习惯——用左手多，即大家说的"左撇子"。

一时间，左撇子成了人们感兴趣的话题，对左手的研究也成了一种时髦。不少研究者甚至大呼："左手，这一人类自身最宝贵的资源，再不能被闲置下去了！"

是的，同是我们自身的宝贵资源，但使用习惯却不一样。这究竟是什么缘故？但愿下面对左撇子现象的研究能给你有益的启发。

对意大利科学家兼艺术家达·芬奇（1452～1519）的经典名画"蒙娜丽莎的微笑"，我们并不陌生。但是，你注意到她是以左颊面对你微笑的吗？

无独有偶，有人还发现，文艺复兴时期以来的著名人物画像中。绝大多数都是脸向右偏，露出左颊——这难道完全是一种巧合吗？

要揭开这个谜，还得感谢澳大利亚墨尔本大学的心理学教授尼柯尔。为

找到答案，他从过去 500 年的历史名画中找出 361 幅。结果发现有 58% 的人物画的脸部，是露出左颊。如果画中人物是女性的话，这个数字高于 78%。于是，尼柯尔大胆假设：关键不在画家要模特儿脸向右偏，而是画中人会自己选择脸向右偏以露出左颊——这更有助于表现出某种情感。以"蒙娜丽莎的微笑"为例，名商人之妇蒙娜丽莎当然希望这幅画使她看起来温柔、美丽与善解人意——侧脸就有助于传达这种情感。

蒙娜丽莎的微笑

为了进一步证明自己的假设，尼柯尔找了 165 名心理系学生（其中女生 122 名）进行"分组实验"——告诉他们要拍人物照。其中一组学生应幻想成爱家的人——照片要表现自己对家人的想念。另一组应幻想自己是事业处于巅峰的科学家。结果，前一组学生面对镜头的时候多数脸向右偏，露出左颊。后一组则多数脸向左偏，露出右颊。他得出的结论是，人的右半部大脑控制左半部脸和人的情感，因此无论是让人作画或拍照，一个人想表现自己温和、友善、讨人喜欢的一面，很自然会把脸向右偏，以左半面脸颊示人——真有点喜剧色彩！

更为喜剧的是，考古学家发现，在世界各地遗留的远古人类的岩画中，画中人和动物的侧面像，许多都是脸朝右露出左脸。显然，岩画一般不会是现场写实，而是画家记忆的再现。只有站在左撇子的角度，在不经意的状态下作画，描绘对象的侧面像才数多朝右。也就是说，从岩画中动物和人的朝向，可推断出作画的人之中左撇子和右撇子的比例。

据此，我们可以推测，古人类中左撇子并不比右撇子少——至少在从事艺术工作的画家中是这样。

然而，考古出土的青铜器时代的铜制工具，却让我们的推测大跌眼镜。那些铜制工具几乎全是右手用的，即"右撇子"占了绝对上风。有人推断，青铜器时代是左撇子沦为少数的分水岭。

时至今天，我们的很多工具等都是参照右撇子而作——左撇子毕竟是少数。

当然，凡事都不是绝对的，左撇子在有些地方是多数——苏格兰的 kerr 家族是一个很有趣的例子。他们有很多工具武器是为左撇子制造的，连城堡的楼梯都是反时针旋转，以适应左撇子战士守城的需要。

另一个特别的例子，是居住在俄罗斯北

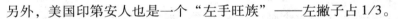

青海海西巴尕沙岩画中右面的动物

极地区的泰玛尔部落，惯用右手者仅占 20%，其余的 80% 全是左撇子。当地人设计制造的家具、渔网等用具的"样式"，都要首先考虑为左撇子提供方便——势单力薄的右撇子就只有受点委屈了。然而，令科学家们更感惊讶的是，那儿的左撇子普遍比右撇子更不怕严寒——在一次气温低至 –50℃ 的大雪暴中，死者多为右撇子，而左撇子则大多平安无事。此外，左撇子大多体质较为强健，平均寿命也要比常人高 10 岁左右。也许，正是由于物种的"优势选择"，左撇子在当地人口中的比例越来越大，最后竟发展为这个以左撇子为主的部落。到目前为止，科学家们对于这种"反常现象"，还不能做出科学的解释。

另外，美国印第安人也是一个"左手旺族"——左撇子占 1/3。

在美国西弗吉尼亚州有一个仅有 450 人的小村庄莱夫特·汉德，居民全是左撇子！其实，莱夫特——left 在英文中的意思就是"左"，这个"左家庄"真是名副其实。可是，谁也不知道这是怎么发生的。

那么，左撇子是如何形成的呢？

据研究，在人的发育过程中，用手的偏向性是逐步显现的。7～9 个月，婴儿通常显不出用手的偏向性——递给他 100 次玩具，他可能用左手接 48 次，用右手接 52 次，不会有明显的差异。大约 18 个月，用手的偏向性开始显现，但稳定下来还要更长时间，常常要持续到 9 岁。有时，孩子用左手接球而用右手抛球和拍球，表明他们还没有完全建立起用手的偏向性。

在孩子发育的不同阶段，他们改变用手习惯，一阵子偏向用左手，一阵子偏向用右手，又一阵子左右手不分。然而，在这个过程中，男孩总是比女孩更早显现用手的偏向性。同时，用手偏向性出现越早的孩子，更多的是左

撇子。

了解左撇子，我们还需要了解大脑的结构特别是右脑的功能——左撇子的生理基础可能就与人类大脑的左右半脑分工有关。

下图中人类的大脑分成左、右两个半球，连接两半球的是横向神经纤维胼胝体。大脑的奇妙之处在于两半球分工不同。从20世纪50年代以来，美国神经生物学家斯佩里（1913～1994）教授通过"割裂脑实验"，证实了大脑不对称性的"左右脑分工理论"，并因此荣获1981年的诺贝尔医学和生理学奖。

按照这一理论，人的左脑支配右半身的神经和器官，是理解语言的中枢，主要完成语言、分析、逻辑、数学的思考、认识和行为——进行逻辑思维。与此不同，右脑支配左半身的神经和器官，是一个没有语言中枢的"哑脑"。但右脑具有接受音乐的中枢，负责可视的、综合的、几何的、绘画的思考行为。观赏绘画、欣赏音乐、凭直觉观察事物、纵览全局等，是右脑的功能。

左右脑的分工，使左脑抽象思维的功能较为发达，而右脑形象思维功能较发达，在大脑思维中起着独特的作用。在我们的思维活动中，要充分发挥右脑的创新功能。左脑掌管语言，能根据现有的知识进行逻辑推理，这是非常重要的功能。但左脑产生的语言一般没有启示性，也难以得出新的理论。右脑的功能在于感悟、想象和预料。碰到一些百思不解的事情，把储存在右脑里的信息调用出来，问题往往迎刃而解。

爱因斯坦把他的许多重大科学发现，归因于他的想象游戏。他曾想象自

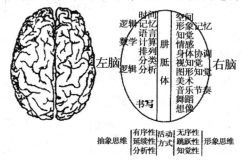

已骑着光束到达遥远的宇宙极端，又"不合逻辑"地回到太阳表面。这幅图像使他意识到，空间可能本来就是弯曲的。这个伟大的想象游戏，诞生了相对论和近代物理学。

斯佩里

同样，牛顿从看见苹果从树上掉下来的景象中获得了灵感，并用语言加以逻辑说明，最终发现了著名的万有引力定律。

我们常说"求同存异"，左脑的功能在于寻求共同点，右脑则在于发现不同处。左脑按常规考虑问题，作决定往往与竞争对手雷同，而用右脑考虑问题，就能想到别人没有想到的，做别人不能做到的。

读到这里，你应当不再因为你是左撇子而抱怨和自卑，也无需因为自己是右撇子而大喜过望。

当然，为什么只有少数人是左撇子的原因，科学家们至今还没有统一的看法。

"毛毛虫"为何"至死不渝"

一条接着一条的"毛毛虫"首尾相连成一个圆圈，井然有序地缓缓爬行着，目标是前方它们"爱不释口"的松针。

这是在 19 世纪法国昆虫学家法布尔（1823～1915）做的一个实验——他把毛毛虫们排成圆圈，并在离它们几厘米处放上排成圆圈状的松针。

毛毛虫们周而复始、不知疲倦地爬行着。7 天以后，可怜的小家伙们终于精疲力竭，因饥饿死去。法布尔在他的实验报告上，写了一

法布尔能

句耐人寻味的话："它们中任何一条，只要稍稍与众不同，就会避免死亡而生存下去。"

但就是没有"稍稍与众不同"，导致了毛毛虫们的悲剧。这就是我们这个故事要说的"毛毛虫效应"——又称"从众效应"或"从众现象"。

毛毛虫的从众效应，现在还可以找到实例。2006 年 4 月 1 日，在云南个旧市宝华公园内，人们目睹了一个由 188 条毛毛虫排成的"一字长蛇阵"，有条不紊地在地上徐徐移动。

人类同样不乏这样的从众效应，据说：有一个人站在街上向天上看，没多久他身后就有一大群人跟着他一起"仰观天象"——其实天上没有什么奇迹成为"看点"。

从众效应是指在群体影响或压力下，个体放弃"自我"而和大多数人"步调一致"的行为，也就是所谓"随大流"或"人云亦云"。

从众效应还因为下面的故事被称为"羊群运动"。在一群羊的前方横一根

棍子，第一只羊跳了过去。第二、第三只也都跟着跳了过去；当把这根棍子取走之后，后面的羊走到这个地方，仍然会像前面的羊一样向上跳一下——尽管拦路的棍子已不复存在。

有人观察过斑羚的从众效应。当斑羚群体被敌害逼到超过 6 米宽的山涧前面的时候，随着"头领"的一声吼叫，整群斑羚会迅速分成数量大致相等的两群——"老年群"和"年轻群"。

然后，从老年群里走出一只雄斑羚，它叫来年轻群中的一只。这一老一少走到悬崖边，再后退几步。突然，年轻斑羚快速助跑，纵身朝山涧对面跳去，差不多同时，老斑羚也紧跟在后面踊跃出去。由于年轻斑羚跳跃的幅度稍高于老斑羚跳跃的幅度，所以在年轻斑羚从最高点下落的瞬间，老斑羚的背正好出现在它的蹄下。这时，就像两艘宇宙飞船在空中对接，年轻斑羚的 4 只蹄子在老斑羚宽阔结实的背上猛蹬了一下——像踏在一块跳板上，在空中再度起跳，下坠的身体奇迹般地再度腾空，跨越剩下的最后 2 米路程，轻巧地落在对面的山上。而老斑羚就像燃料已尽的火箭残壳，笔直地坠落下去……

紧跟着一对对斑羚凌空跃起，在山涧上空画出一道道令人眼花缭乱的弧线。每一只年轻斑羚成功飞跃深渊，都有一只老斑羚摔得粉身碎骨。

在关键时刻，斑羚竟然能用牺牲一半来挽救一半的办法，来赢得种群的生存机会，表现了种群延续的强烈求生欲望和牺牲个体的高尚利他行为，是自然界一曲惊天动地的绝唱。

从众效应是群体社会非常普遍的现象——在学习、择业、消费、娱乐、恋爱等方面等都有表现。甚至在赌博、吸毒、贪污腐化等邪恶领域也屡见不鲜。所以，这个世界上有许多盲目的"追随者"，鲜有特立独行的人。而少数特立独行者，就可能成为开拓进取，锐意创新的勇士或哲人。

1964 年 6 月下旬，在一次发射导弹的试验中，发现了火箭的能量不够，达不到设定的目标。此时，大家都说要用增加燃料的方法来解决这个问题。但是，后来担任中国载人航天工程总设计师的王永志（1932~　）——当时年仅 32 岁的"毛头小伙"，却提出减少燃料的方法。1964 年 6 月 26 日清晨，伴随一声震耳欲聋的巨响，按照"王永志方案"导弹发射成功！

王永志

"王永志方案"——类似"吃草少的马儿跑得远",为什么反而会成功呢?原来,燃料的多少和火箭的总重量有一个辩证关系。适当减少燃料,火箭的总重量小了,就能加大射程。

"从众"本身无所谓积极还是消极,问题在于对具体事物的把握——既不要一概"盲从",放弃独立思考;也不要一概去"脱离群体"而成为"孤家寡人"。

克服"从众心理"的"法宝"之一,是避免对偏离群体的恐惧。德国心理学家斯普兰格曾经说过:"没有谁比青年从他们的孤独小屋里更加用充满憧憬的目光眺望窗外的世界了。没有谁比青年从深沉的寂寞中更加渴望接触和理解外部的世界了。"青年人阅历不多,"别人都知道了,我却不知道"——思维上的从众定式,使个人有一种归属感和安全感。所以,随大流有助于消除孤单和恐惧等负面心理,但却是失去自我的大敌。

让我们记住德国诗人兼哲学家歌德(1749~1832)的箴言:"我们的忠言是:每个人都应该坚持走他为自己开辟的道路……不为行时的观点所牵制,也不被时尚所迷惑。"

马屁股决定铁轨宽度

把 5 只猴儿放在一个笼子中，并在笼子的中间吊上一串香蕉，只要有猴儿伸手拿香蕉，人就用高压水流教训它们，直到没有一只猴儿敢动手为止。然后用一只新猴儿替换出笼里的一只猴儿。新来的猴儿不知道这里的"规矩"，动手去拿香蕉，触怒了原来在笼子中的 4 只猴儿。那 4 只猴儿竟代替人去执行惩罚任务——把新来的猴儿暴打一顿，直到它服从"规矩"为止。试验人员不断把最初经历过高压水惩戒的猴儿换出来，直到笼子中的猴儿全是新猴儿，但此时再没有一只敢去碰香蕉。

猴儿天性爱吃香蕉，可是在外来压力下，违背猴儿天性的制度居然强化而成为第二天性。最初，猴儿们不让群体中的任何一只猴儿去拿香蕉是合理的，为的是免受"连坐"的惩罚，但后来人不再用高压水介入，猴儿们却固守着"不许拿香蕉"的制度。这是多么可怕的"路径依赖"啊！

在经济学中，路径依赖是一个法则——指的是人们一旦选择了某个制度，惯性的力量会使这一制度不断"自我强化，让你轻易走不出去"。猴儿的故事告诉我们，经济学家们并不是在故弄玄虚。

猴儿的故事足以让人们感到了路径依赖的可怕与不合理。下面的这些故事，也许会让你对路径依赖的威力印象更深，并从中体会到几许悖谬与幽默。

美国铁路两条铁轨之间的标准距离规定为 56.5 英寸（合 1435 毫米）。这个标准是以什么为依据制定的呢？原来，这是英国的铁路标准，因为美国的铁路原先是由英国人建的，而英国的铁路是由建造电车轨道的人所设计的。

那电车的铁轨标准又是从哪里来的呢？原来最先造电车的人以前是造马车的，因此沿用了马车车轮的间距。马车为什么要用这个轮距标准呢？因为那时候的马车如果用其他轮距的话，马车的轮子很快会被英国老路的辙迹上损坏。这些辙迹又是从何而来的呢？答案是——古罗马人所定的。因为欧洲包括英国的老路都是由古罗马人为他们的军队所铺的，所以 56.5 英寸正是古罗马战车的宽度。如果用其他不同的轮宽在这些路上行车的话，轮子的寿命都不会长。

如果还要"打破沙锅问到底"：古罗马人为什么以 56.5 英寸为战车的轮距宽度呢？说出来，也许会令人大吃一惊——那是两匹拉战车的马屁股之间的距离！就这样，在一个一个的"惯性"依赖下，美国铁轨间的距离成了 56.5 英寸，多么严格地道的路径依赖啊！

有趣的是，这个路径依赖给航天事业也带来了"后遗症"。航天飞机的燃料箱两旁有两个火箭推进器。工程师原来很想把这些推进器造得"胖"一点——这样容量就可以大一些。但是，他们却不能如愿。这又是为什么呢？因为这些推进器造好之后，要用火车从工厂运送到发射点，路上要通过一些隧道，而这些隧道的宽度只比火车轨道宽一点点——我们不要忘记火车轨道的宽度是由两匹马屁股之间的距离确定的。

因此，我们感慨地看到，今天世界上最先进的运输系统的设计，居然不得不被 2000 多年前两匹马的屁股所制约！

巧合的是，中国近代杰出的铁路工程师、土木工程学家詹天佑（1861～1919）修建京张铁路时，也用了当时通用的 1435 毫米（56.5 英寸）标准轨距。

当然，世界上也有其他类型的窄轨（常见的轨距有 1067、1000、762、610 毫米）和宽轨（常见的轨距有 1524、1600、1676、1685 毫米）。

在其他领域路径依赖还有有利的一面。

众所周知，中国加入 WTO 以后，"技术壁垒"已成为欧、美、日等发达国家对付我国农产品销售的主要手段。要克服技术壁垒，必须实施农业标准化。例如，水稻的标准化生产，就要采用盘育、摆插、节水灌溉、病虫草综合防治等多项国际新技术标准。这不仅提高了水稻的品质，还可降低生产成本，仅盘育秧一项，就可节水 95%、节地 90%，节种 50%，

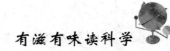

秧龄由原来的 50 天缩短到 35 天，而且使原来每亩秧苗能插秧 25 亩变成 150 亩。

又比如，日本餐饮业在其连锁店中卖出的汉堡和可乐，永远是 17 厘米厚和保持 4℃——据说这是大多客人的最佳口感。

可以说，路径依赖法则在一定程度上催生了生产的标准化、系列化和通用化，有了这"三化"，我们就不必担心买的灯泡对不上灯头，也不必担心买的螺母旋不进螺丝杆了。

一指推倒摩天大厦

"成功了！成功了！"2000 年 12 月 31 日，北京颐和园体育健康城综合馆的网球馆里一片欢腾。

多米诺骨牌的吉尼斯世界纪录，就在这里诞生了。

中国、日本和韩国的 62 名青年学生，成功地推倒了 340 多万张骨牌——一举打破了此前由荷兰人保持的 297 万张的世界纪录！它们瞬间依次倒下的场面蔚为壮观，其间显示的图案丰富多彩，令人惊叹！

那么，"多米诺"骨牌是怎样来的呢？

宋宣宗二年（公元 1120 年），民间出现了一种名叫"骨牌"的游戏。这是中国古书《正字通》的记载。这种游戏在宋高宗的时候传入宫巾，随后迅速在全国盛行。当时的骨牌多由牙骨制成，所以又叫"牙牌"——民间叫"牌九"。

1849 年 8 月 16 日，一位意大利传教士把骨牌带回米兰作为最珍贵的礼物，送给了他最美丽的女儿小多米诺。然而，他怎么也想不到，这居然使多米诺在全世界家喻户晓，并成为一种世界性体育运动的代称。

原来，小多米诺一见骨牌就喜欢上了，并发现了骨牌的新玩法——按点

用 350 万张牌摆放的以中日韩三
国民族文化与世界和平为主题图案

数的大小以相接的方式把骨牌连接起来。她还发现这游戏可以锻炼人的意志和耐力，于是利用这个游戏帮助她的一个朋友阿伦德。小多米诺就让他把 28 张牌一张一张地竖起来，如果阿伦德不能在限定时间完成，或者码完的牌倒下了，小多米诺就不许他在一周内参加舞会。经过近两个月时间的磨炼，阿伦德的性格变得刚毅坚强，做事也变得稳健

沉着。

感受到了玩骨牌游戏的好处，传教士多米诺想让更多的人玩，于是制作了大量的木制骨牌。不久，木制骨牌游戏迅速地在意大利及整个欧洲传播，成了欧洲人的一项高雅运动。后人为了感谢多米诺，就把这种骨牌游戏命名为多米诺。

多米诺骨牌

到了 19 世纪，多米诺已经成为世界性的运动。在非奥运项目中，它是知名度最高、参加人数最多、涉及地域最广的体育运动，并在各个领域不断创造新纪录。例如，新加坡就创造了最长的"人体多米诺"——2000 年 9 月 30 日，9234 名 18～21 岁的 NYAA Po－ly Connects 学校的学生，组成了 4.2 千米长的人体多米诺，穿越了新加坡圣淘沙岛的锡洛索海滩。

说到这里，对多米诺骨牌的介绍似乎已经完成，但我们的疑惑依然存在，那就是：为什么推倒一张骨牌，其余的 340 多万张骨牌竟跟着一一倒下呢？

原来，骨牌竖着的时候，重心较高，倒下的时候重心下降。在倒下的过程中，就把重力势能转化为动能，并把动能转移到第二张牌上，第二张牌又把动能传到第三张牌上……就这样，后面每张牌倒下的时候，具有的动能都比前一张牌大，因此它们倒下的速度一个比一个快。

也许你对这些解释还有些怀疑，但下面的实验会让你口服心服。大不列颠哥伦比亚大学的物理学家 A. 怀特海德曾经制作了一组骨牌，共 13 张，第一张最小——长、宽、厚分别为 9.53、4.76、1.19 毫米，还不如小手指甲

9234 人组成的人体多米诺

大。以后每张体积增大 1.5 倍，这个数据是按照一张骨牌倒下时能推倒一张 1.5 倍体积的骨牌选定的。最大的第 13 张的长、宽、厚分别为 61、30.5、7.6 毫米，牌面大小接近于扑克牌，厚度相当于扑克牌的 20 倍。把这套骨牌按适当间距排好，轻轻推倒第一张之后，第 13 张必然倒下，它释放的能量比第一张牌倒下的时候要大 20 多亿倍——如果推倒第一张骨牌要用 0.024 微焦，倒下的第 13 张骨牌释放的能量达到 51 微焦。

多米诺骨牌产生的能量真令人瞠目结舌！

如果怀特海德依照他的方法制作出一套骨牌，那么第 32 张骨牌将高达 415 米——比纽约帝国大厦还高 34 米。这样的一套骨牌，用一指的推力摩天大厦就会轰然倒塌！

时至今日，"多米诺"已经成为一种国际性用语。由于它"一倒俱倒"的连锁反应，人们称之为"多米诺骨牌效应"，简称"多米诺效应"或"多米诺现象"。事实上，在政治、军事和商业等领域中，都有多米诺效应。

例如，在美国东部时间 2003 年 8 月 14 日下午 4 点 10 分，美国的纽约、新泽西等 8 个州和加拿大的多伦多地区突然发生了大范围的停电，成千上万的人纷纷涌上街头，导致许多地区道路被严重堵塞。停电持续了 29 个小时，造成的直接和间接经济损失不下 300 亿美元。

是什么原因导致 2003 年 8 月 14 日的大停电呢？原来，美国东北部的天气经过了几天凉爽之后，突然变得炎热难耐，用电量开始猛增，各电厂开足马力供电。就在这个时候，一家发电厂突然出现了故障，其他电厂马上自动增加发电量进行支援。这些电厂本来就处于饱和状态，由于一下子超负荷运转，电厂全部发生跳闸进行自我保护。结果在短短 9 秒钟内，引发了灾难性的"停电多米诺"。

由此可见，如果不注意防微杜渐、堵塞漏洞，就可能出现灾难。

当然，事物是辩证的，凡事都有其两面性。多米诺效应也是如此。某啤酒集团的"多米诺广告"就是一例。

在 2003 年 3 月 19 日，某广场上人山人海，七八万人汇集在一起，等待一个激动人心的时刻。

"启动多米诺骨牌！"主持人一声令之后，一个特制的啤酒瓶横空穿越宽

广场上多米诺骨牌展示

432.1万张骨牌牌阵现场

阔的大道，飞向广场上的第一枚骨牌，随着一个个骨牌"啪、啪、啪"倒下之后，"△△啤酒，精品纯生"八个大字映入眼帘！一刹那，人群如潮水般涌向骨牌，这个品牌的形象也在刹那间映入众多经销商和消费者的脑海里……

是啊，一个完美的多米诺组合是多门学科综合的结晶，也是一项需要耐心的运动，每个图案的设计、机关的设置都包含了美学、力学、建筑学等学科知识，有极强的趣味性和观赏性。电影《多米诺》就是这方面的体现。荷兰每年都要在11月打破多米诺骨牌牌阵的纪录，但2007年却以失败告终。所以，最新多米诺骨牌牌阵的世界纪录，是2006年11月19日在荷兰陆瓦尔登市诞生的。来自17个国家的88名骨牌爱好者一共码放了432.1万张骨牌，但最后推倒的骨牌为415.5476万张。

神秘的 "大自然法则"

不知道你是否做过这样的计算？正方形内切圆的面积，与正方形被这个圆占据之后剩余四角的面积之比。答案是（0.257π）∶（1 − 0.257π）≈78.5∶21.5 或 78∶22。

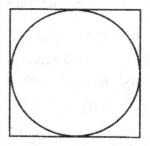

圆面积和四角面积之比大约是 78∶22

有趣的是，空气中的氮和氧的体积比，以及人体中水分与其他物质之比，也都大约是 78∶22！大自然中普遍存在的 78∶22 现象，称为"大自然法则"或"宇宙大法则"。不但许多自然事实符合这一法则，而且社会和人文活动也遵循这一规律。

最先发现宇宙大法则的是犹太人，他们将其世代相传并视之为神秘和神圣的法则。犹太人做生意，喜欢用 78∶22 来剖析每桩买卖的比例。例如，在回答"是存款的人多，还是借款的人多"这个问题的时候，一般人多回答借款的人多；但是，犹太人很早就发现存款的人比借款的人多，其比例约为 78∶22。道理很简单，银行是靠很多存款的人的钱转借给少数借款的人而生存的。他们还认为，世上有 78% 的财富永远在 22% 的富人手中；而 78% 的普通人则只有 22% 的财富。他们鄙视"薄利多销"，就是从这里来的。他们做事总是信心百倍——因为他们认为只有 22% 的人才知道这个法则。

虽然人们目前还不能科学地揭示遵循大自然法则的类似现象之间，究竟是一种偶然的巧合，还是有某种必然的共同因果关系，但协同论的研究却给了我们重要的启迪。协同论的创立者、德国理论物理学家哈肯（1927 ~ ），在对物理、化学、生物、生态、社会、经济学等领域进行了大量的研究之后提出：虽然从表面看，支配各学科的理论、工具和方法都不大相同，但由完全不同的要素所构成的系统，其宏观结构的演化行为则是类似的。

汤因比

在 1897 年，意大利经济学家维弗利度·巴瑞多（1843～1923），在对 19 世纪英国社会各阶层的财富和收益统计分析时发现：80％的社会财富集中在 20％的人手里，而 80％的人只拥有社会财富的 20％。他根据这个事实和宇宙大法则，提出了近似的"80：20 原理"，也叫"巴瑞多定律"或"二八律"、"二八法则"，又称"最省力法则"或"不平衡法则"。它的要旨是：在任何特定的群体中，重要的因子通常只占少数，而不重要的因子则占多数；因此，只要控制重要的少数，即能控制全局。他认为，在意大利，也是 80％的财富被 20％的人占有——这个世界本来就没有绝对的公平。后来人们发现，许多事物的发展都不同程度地遵循这一规律。

根据二八律，英国著名历史学家汤因比（1889～1975）认为，"具有创造性的少数人"，是他们所在的社会的发动机。

二八律在许多领域都有广泛的体现。

首先，体现在自然科学中。在生物学领域，美国康乃尔大学的植物学教授卡尔·尼克拉斯等在 2001 年初证明，二八律也适用于包括树木在内的植物。他们认为，植物体积生长速度是质量生长速度的 80％。由此，植物学家们今后可以通过建立数学模型，对森林的生物量及生长情况等做出预测。

当然，动物生长也遵循这个比例。一个多世纪以前，人们就知道动物界存在"比例换算定律"——动物生长的时候，体积增长慢于质量增长。例如，如果人按某些科普电影描述的那样，以相等的速度增加体积和质量而成为巨人的话，那么心脏将不能维持正常的血液循环，人也会因患心脏病而死。

在天文学领域。令人称奇的是，宇宙的 80％的星系都呈"螺旋—漩涡"状。对此，至今科学家们仍不知道无所不在的万有引力是如何把灿烂的星系塑造得那么美丽动人的！

学博士春山幸雄在他的畅销书《脑内革命》中指出，医生治好病人的实际治愈率仅 20％，而 80％都是白付药费，即未治愈率与治愈率之比为 80：20。

长蛇座漩涡星系

猎犬座漩涡星系

大熊星漩涡星系

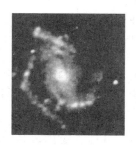

室女座漩涡星系

在医学领域。日本医所以，他主张视病情不同而少用药或不用药。他还认为，要防治疾病和延年益寿，就必须有乐观向上的心态，自我营造愉快的生活氛围。他推崇2000多年前中国医学"医未病之病"的哲学思想。因为现代医学证实，愉快的心情能使体内分泌出一种有良性刺激的"快感激素"，增强体内的免疫细胞，具有防止老化、抵御疾病、提高自然治愈力的出色功效。"防病于未然"，是公认的良方。

在一个国家的医疗体系内，20%的人口与20%的疾病，耗费了80%的医疗资源。这挑战了整个的医疗制度和体系。

其次，体现在社会和人文科学中。

1. 在经济学领域

世界上大约80%的资源，是由世界上20%的人口所耗尽的。

大型商场20%的商品的销售额，占总销售额的80%；而80%的商品的销售额，则只占总销售额的20%。这样，就应该尽全力销售高利润的产品。

大公司80%的利润，来自20%的顾客。就该努力扩展与这20%的顾客的

M74 漩涡星系

漩涡状的银河系

合作。这样做，比把注意力平均分散给所有的顾客更容易也更值得。

一个公司 80% 的业绩，来自 20% 的销售人员。

中国第一位回大陆当人寿险保险营业员的新加坡华侨吴长达，在 2000 年 8 月被第三届世界华人保险大会评为"银龙奖"得主和"杰出业务精英"。他因为收保单多，善于做 100 万以上保单，所以被称为"吴百万"。吴长达成功的"诀窍"是，用 80% 的精力去"攻克"20% 的大客户。

2. 在 IT 领域

占全球人口总数 20% 的西方发达国家，拥有 80% 的信息量；而占人口总数 80% 的发展中国家，却只占有 20% 的信息量。这使"南""北"差距越来越大。

电脑互联网中只有 20% 的娱乐、交友类信息，80% 则是科技知识类信息。然而，却有 80% 的人是冲着那 20% 来的；而冲着剩余 80% 而来的，仅有 20% 的人。

在网络游戏市场中，优秀游戏中的 80% 是由 20% 的公司制作的——TOPTEN 中的前 5 名就是生动的例证。

80% 的电脑故障，是由 20% 的原因引起的。

3. 在股票投资领域

大量统计显示，国外——例如美国几十年的经验表明，超过 80% 的专家们运作的资金收益率比市场平均数低。只有 20% 的专家运作的资金收益率超过市场平均数。

在股市中，众多股票的某一轮行情中，只有 20% 的股票涨势凌厉，80%

疲软。20%的股票成交量占总成交量的80%，而80%的股票成交量则只占总成交量的20%。

经验表明，80%的股评无用。所以投资者切不可将股评作为投资的惟一依据。漫天飞舞的股评只有经过筛选、过滤后才能成为有用的信息。投资者要跻身于20%的赚钱者的行列，仅靠听股评是难以成功的，要把80%的不重要因素放在一边，把握投资决策中影响最大的20%的因素，立足于了解、分析企业的经营状况，以便抓住那些"牛市"的个股。

4. 在汽车制造领域

现代大型汽车制造厂只有开工率大于80%，才可能盈利。而在2000年初的时候，西方大型汽车厂平均开工率仅为69%。为了扭转这一不利局面，在当年3月，著名的美国福特汽车公司和意大利菲亚特汽车公司实行了"合并"，以提高开工率。

5. 在交通领域

80%的交通拥堵通常发生在20%的路口上，因此交通管理部门应"重点关照"这些路口。20%的"马大哈"驾驶员，是制造80%的车祸的"元凶"。

6. 在生活领域

80%的电视观众收看的仅仅是其中20%的节目——或者说，80%的电视节目并不受80%的观众的欢迎。

80%的时间，穿的只是20%的衣服。

20%的朋友，占去80%的你与朋友见面的时间。

80%的乐趣，来自20%的活动。

20%的人享受了世界上80%的爱情——他们总在爱和被爱；而余下80%的人却只能寻寻觅觅，苦苦追求。

20%的人历经人生80%的大喜大悲，体验80%的精彩和跌宕；而80%的人更多地在一天天重复平淡的日子。

20%的人可以实现80%的心愿，而80%的人只能实现20%的心愿。20%的人倒的霉，占了80%；或者80%的人，伸着脖子看着20%的人的好运气而

"空悲切"——正如中国古话所说："人生不如意十之八九。"从中得到感悟的人，有时可能因此改变命运。

在工作领域。人生80%的工作成绩，决定于20%的劳动和付出。一个人80%的收入，来自20%的劳动时间。因而"须臾"人生的"奥秘"，是决定取舍，抓关键、保重点。有"舍"才有"得"，"舍"就是"得"。

7. 在学习领域

字典中20%的字，用在你一生中80%的句子里。一本书80%的价值，能用20%的篇幅表达出来，而且能在看完整本书所需时间的20%之内完成。

20%的课本知识，可获得80%的考分。所以，"抓重点"很重要。在传统课堂教学的随机提问中，80%的反应往往只来自20%的学生；而"互动式"教学可以大大调动全体学生的积极性。

8. 在军事领域

一个100%的军事体系，起关键作用的只有20%；集中力量打掉这20%，整个系统将立即瘫痪瓦解。

9. 在信访领域

2003年11月中旬，国家信访局周占顺局长在接受《半月谈》杂志社专访的时候说，经统计调查分析，在当前群众信访特别是群众集体上访中，80%以上反映的是改革发展过程中的问题，80%以上是有道理或有一定实际困难但应予解决的问题，80%以上可以通过各级党、政的努力加以解决的问题，80%以上是基层应该解决也可以解决的问题。

10. 在心理学领域

一些心理学家认为，20%的人身上集中了人类80%的智慧。

美国学者理查德·考茨对上述现象作了总结——在《改变命运的黄金法则》一书中，将二八律称为"黄金法则"。他认为，原因与结果，投入与产出，努力与报酬等等之间，都基本遵守二八律。由此，考茨得出两条结论。第一，没有一种活动不受到二八律的影响。第二，从生活的深层次去探索，找出那些关键的20%，就能取得80%的好处；以"平静、少做些"的心态，去锁定能以二八律完成的目标——不必苦求所有的机会。

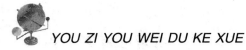

英国人理查德·科克——一个颇有影响的企业策略顾问兼投资家，写了一本名叫《80/20 法则》的畅销书。书中建议从七个步骤开始时间革命：①破除陈旧的观念——努力等于回报，②捍卫工作的快乐权，③只为你自己工作，④找到高效利用时间的方法，⑤找出关键的 20%，⑥让那 20% 的时间增加，⑦不做或少做没有价值的事。愿人们在正确理解他的观点时，能有所裨益。

IT 行业的"吸星大法"

爱看武打片的朋友，可能对"吸星大法"不会陌生——《笑傲江湖》中的任我行练就的一种武功。说来很简单，这种武功就是直接把对手辛辛苦苦练成的内力吸为己有。武林中人无不切齿，毕竟这有点不够光明磊落。

当然，这是小说的虚构。实际上，国家之间的争斗也与武林中的争斗差不多。

任我行

在第二次世界大战之后的冷战时期，美苏之间的军备竞赛就像两大高手在比拼内力。前苏联终于体力不支解体倒下了，美国虽然也消耗了不少内力，但由于种种原因，成为惟一的超级大国，原因之一是因为美国在电子科技方面的领先地位——秘笈叫"摩尔定律"或"摩尔法则"。

在 1964 年 4 月 19 日出版的、面向电子工程师的杂志《电子学》（Electronics）上，英特尔公司的创始人之一、时任仙童半导体公司发展部主任的美国戈登·摩尔（1929～ ），发表了一篇文章《给集成电路塞上更多的元件》。文章以 3 页纸的短小篇幅，发表了一个奇特的理论："半导体芯片每 18 个月内集成度翻一番，价格减一半，并在今后数十年内都将保持着这种势头。"人们把它称为 IT 行业的摩尔定律。从此，集成电路迅速把电脑等推上高速成长的快车道。摩尔是毕业于加州伯克利大学的物理化学博士，是典型科技专家。美国正是通过这种不断更新换代的芯片和 IT 产品，把世界各地 IT 用户的钱财吸为己有——就像使用吸星大法那样。

鲜为人知的是，摩尔定律还有一位幕后英雄——1965 年诺贝尔物理学奖得主理查德·费曼（1918～1988）。具有传奇色彩的美国物理学家费曼，在早于摩尔的 20 世纪 60 年代初，就在加州大学工学院开了妙趣横生的物理学讲座。其中一堂课的主题是"我们在针尖上还有很大的空间"。

戈登·摩尔

在费曼的召唤下，从60年代中期开始，一批年轻人就一波又一波地在"针尖上"缩小集成电路的尺寸，最终诞生了摩尔定律。

摩尔定律完全依赖于硅材料。硅是一种很好的半导体，能够在人为控制的方式下导电——尽管体积缩小，但硅的晶体结构仍然能保持相对完整，而其性能不变，使芯片集成度翻番，价格减半。

从理论的角度讲，硅晶体管还能够继续缩小，直到纳米级别的生产工艺出现为止——约在2023年。摩尔本人于2007年9月18日在接受采访时的预言是2020年。到那个时候，由于控制电流的晶体管门（transistor gate）以及氧化栅极（gate oxide）距离将非常近，因此，将发生电子漂移现象（eleclrons drift）。如果这样，晶体管就会失去可靠

费曼

性——它会因此无法控制电子的进出而无法读出1和0来。那时，如果替代硅晶体的材料还没有找到，摩尔定律就可能会失效。

事实上，在20世纪末，科学家们已经能操纵原子了。如果达到了当年费曼预言的人造机器的量子尺度极限，那摩尔定律就会"下岗"，而新规律将取而代之。

晶体管数量翻倍带来的好处是：更快，更小，更便宜。根据摩尔定律，芯片设计师的主要任务就是缩小晶体管的大小，然后让芯片能够容纳更多的晶体管。晶体管的增加可以让设计师为芯片添加更多的功能以节约成本。由于新旧芯片的体积一样，因此新款芯片的成本与旧款芯片一样。而小的晶体管意味着电子不需要传得过远，这就提升了芯片的性能。

综上所述，摩尔定律极大地提升了电子产品的性能。试想，20年前手机像一块砖，而现在晶体管数量的增加让液晶电视、高清晰度照相机、MP3音乐播放器等，都能装进小小的手机之中。功能更加强大、价格更加便宜的芯

片，让软件工程师开发出了即时通讯、3D 游戏以及网页浏览器等。

电脑芯片　CPU

这真是乐翻了生产商，而对消费者来说，却是几多惊奇，几多无奈，只好频频掏腰包，还时常遭遇"落伍"的命运。

不是吗？电子产品半年升一级，一年多换一代，年初推出的 CPU 卖 3000 元，到年底就降到了 300 元。这不是为了让你赚便宜，是告诉你年初的产品早已过时了，买最新产品吧！很多家庭买了电脑，才一两年就不得不更新换代了。很多单位花数百万元买的计算机路由器，过三五年就不得不忍痛淘汰了。

据统计，中国的计算机市场内需规模为每年 700 万台——2005 年已拥有计算机 7000 多万台。这些计算机如果 3 年换一轮，至少要耗资 1000 多亿元！所谓国产微机，不过是用美国人的 CPU、内存、硬盘等部件加上外壳、键盘、鼠标组装在一起。这就难怪英特尔公司的创始人、首席执行官安德鲁·格罗夫在《只有偏执狂才能生存》里，将摩尔定律引申为："我们的成功与失败，都将以十倍速的节律运行。"

虽然如此，我们别无选择——IT 行业在发展，产品在更新，要跟上时代，我们只能这样遭受"经济剥削"。特别让我们感到隐隐作痛的是，格罗夫曾自豪地宣布："微处理器在诞生后的 25 年之内，是非常准确地遵循摩尔定律的——而且至少在未来十年之内仍然会如此发展。"

为此，我们只能像《笑傲江湖》中令狐冲那样增强内力——开发具有自主知识产权的高端产品，战胜他人的吸星大法。

令狐冲

"青蛙"是这样死去的

　　和北京的日坛、月坛没有天坛、地坛那么出名相似，重庆的东泉、西泉的名声也不及南泉、北泉。而这个故事，我们就从东泉镇的"旅游"开始。

　　依山傍水的东泉镇位于重庆巴南区东部，距区政府所在地鱼洞65千米。据说，在明代有一位十分孝顺的儿子，为治好母亲的眼病，每天背着失明的母亲到东泉沐浴，最终使母亲重见光明。故事传开后，人们争先恐后到东泉沐浴，至今仍保留着这个习俗。

　　20世纪90年代以来，东泉镇更加名闻遐迩——因为这里有"亚洲第一热洞"。中国共发现3个有名的热洞，而东泉镇的这个热洞是最"火"的——每天1000多立方米流量的泉水汩汩流淌，41℃的水温每天吸引着数百个游客，每人10元一次的浴资每月带来近10万元的收入。一个美国朋友曾跨过千山万水，来享受这个温泉的"第二次温暖拥抱"。他说这个热洞是——"最好的"。

东泉露天裸浴

　　在当地政府的"规划"下，"东泉镇旅游风景区"进行了大开发，各种建筑和设施逐渐映入世人的眼帘。

　　可是，到了2003年，这个当年的"柔情美女"已是"人老珠黄"——完全干涸而没有一滴温泉水了。

　　历经岁月沧桑而"容颜不老"的"柔情美女"，为什么在短短的十来年时间里成了"明日黄花"呢？地质学家们揭开了这个谜——过度开采地下温泉水。

　　原来，随着"东泉镇旅游风景区"的建设，一栋一栋的房屋拔地而起，并且都打了水井。每一口水井打成之后，温泉水就少了一些，直到泉水枯竭的那一天……

就这样，"亚洲第一热洞"消失了——悲剧性地永远消失在"全然不知"之中。

2006年，重庆提出从2007年开始，投资113.2亿元打造"五方十泉"，让这座山城在2015～2020年成为东方甚至全世界的"温泉之都"。其中巴南区在2007年已经申报中国的"温泉之乡"。

接下来，我们到外国去旅游一趟。

"早上7点左右，约翰一觉醒来，打开窗帘向窗外望去，只见街头被浓雾笼罩着，分不清哪儿有房屋和行人，偶尔有一些模糊的亮光带着隆隆的声音驶过，这大概是在雾中摸索行进的车辆吧。"

这是在1952年出版的伦敦《泰晤士报》的一则报道。就在这一年仅仅两周的时间里，伦敦市内就有4000多人死于"毒雾"。当然，这种事件不只是发生在英国。例如，在此前的1932年10月，比利时的马斯河谷就有几十人死于毒雾。

伦敦毒雾并不是从20世纪开始的。一位英国学者约翰在他于1661年写的《驱逐伦敦烟雾的困难》一书中写道："探访伦敦的客人，还没有看到伦敦街道，就先从数英里以外闻到了臭味，这正是玷污该城荣誉的有害煤烟。在伦敦，历经许多世纪依然坚硬如故的石和铁，因遭煤烟的腐蚀，如今已变得破烂不堪。伦敦居民不断吸入不洁净的空气，使肺脏受到损害……"

1952年出版的《泰晤士报》还继续报道："对于这样的大雾，约翰早就习惯了，因为伦敦是世界上有名的雾都。但今天，他却觉得身上很不自在，喉咙疼痛，一阵阵的咳嗽伴随着头晕。于是，他赶紧按了电铃，招呼他的家人。但是，在医生还没有赶来之前，他已由于呼吸困难和连续几次呕吐而昏厥了。一天以后，不满60岁的约翰竟与世长辞了。"

雾色朦胧的英国格林尼治天文台

在 17 世纪之前的英王爱德华一世时期，对于大量使用煤作为燃料产生的浓烈毒雾，英国国会专门发布了一个文告，禁止伦敦的工匠在国会开会期间使用煤作燃料。然而，文告却没能改变煤烟的困扰。随着 18 世纪发生的产业革命，散布在伦敦上空的已不仅仅是煤烟了，即使

云南路南石林

到了 20 世纪上半叶，也是如此。后来随着 20 世纪下半叶大量工厂的外迁和燃料构成的改变，毒雾状况已有所改善。

我们再从外国回到中国的桂、黔、滇、渝的许多喀斯特地貌区域。喀斯特（karst）一词，源于南斯拉夫西北部沿海一个高原的地名，特指具有溶解能力的水对石灰石的溶解过程。溶解后形成奇异、瑰丽的喀斯特地貌景观。2007 年 6 月 27 日，联合国世界遗产委员会（WHC）在新西兰基督城召开了第 31 届世界遗产大会，批准中国南方喀斯特地貌（包括重庆武隆、云南石林、贵州荔波三处）为"世界自然遗产"。

在这些地区，由于人口增多和耕地被不断占用，人均耕地面积和烧柴越来越少。于是当地农民们不断采伐山坡上的森林、灌木、野草；把砍割之后露出来的空地种上庄稼。由于这些乱砍滥伐，使植被遭到了毁灭性的破坏而大大削弱了蓄水的功能，导致"地下水滚滚流，地表水贵如油"的普遍现象。这种流失，不但造成了泥石流、山体滑坡、洪水泛滥、干旱等自然灾害，而且种在石头之间的庄稼收成也一年不如一年。当地民谚说："春耕一大坡，秋收一小箩。"

泥石流

山体滑坡

于是，"石漠"出现了。在山坡上，只有大小不等的石头，少量泥土上面间或有灰溜溜的绿色——好像一个瘦骨嶙峋的老人。庄稼只好可怜巴巴地生长在这些石头之间的薄土上。据调查，到2006年，这三省"石漠化"的总面积已经超过15万平方千米。

石漠化的出现，严重地制约着这些地区农民的脱贫致富。

我们再把目光从陆地转向海洋。

"赤潮"，已经不是陌生的词语了。赤潮是海水富营养化，使某些浮游生物爆发性繁殖和高度密集所引起的海水变红现象。赤潮——当今世界上两大主要海

庄稼长在石头间的薄土上

洋灾害之一，会造成海水严重污染，鱼虾、贝类等大量死亡，大多发生在近海区域。例如，1972年美国东海岸海域出现的大规模赤潮，杀死了佛罗里达州的许多海牛。又如，1993年浙江海域的赤潮，几乎使全省的水产养殖业全军覆没，直接经济损失超过3.85亿元；2003年中国海域发现119次赤潮，累计面积达到14 550平方千米，造成4 281万元的直接经济损失。再如，在2004年5月14日，中国国家环保总局还专门发布公报，说浙江舟山海域附近发生了约1万平方千米有毒素（麻痹性贝毒毒素）的赤潮，呼吁大家暂不吃贝、蛤类的海产品。海洋里4 000多种浮游藻类中，有260多种"红潮生物"能形成赤潮，其中有70多种能产生毒素。

这种毒素是怎么产生的呢？经过多年研究，美国麻省理工学院副教授蒂莫西·贾米森在2007年8月底出版的一期《科学》杂志上发表论文指出，赤潮毒素是由腰鞭毛虫（一种海洋单细胞浮游生物）用某种酶启动赤潮海藻的化学反应后产生的。论文还指出，研究人员已成功复制了这种化学反应，证实了哥伦比亚大学化学家中西香尔在1985年提出的赤潮毒素形成的猜想。

赤潮：河水入海口海水是红色

说完了中外的环境破坏事件，还是

从 2003 年 8 月开始，重庆市长寿晏家河飘
起死鱼之后，附近村民的鸭子也厄运难逃。其
"罪魁"是河边山上的化工厂。

侃一则"水煮青蛙"的寓言吧。

把一只青蛙放在热水中，它就会纵身而出。如果把它放进温水中，它会感到很舒服。然后慢慢加热水温，即使上升到80℃，青蛙仍然会若无其事地待在水里。但是，当水温上升到90~100℃的时候，青蛙就会变得越来越虚弱，失去了自我脱险的能力——直到被煮熟为止。

青蛙为什么不能自我摆脱险境呢？这是因为青蛙内部感应器官，只能感应出激烈的环境变化；而对缓慢、渐进的环境变化却不能及时做出反应。这就是"青蛙效应"。

青蛙效应告诉我们一个道理：警惕缓慢、渐进的环境变化，"生于忧患，死于安逸"。切莫忽视环境渐变的危害，保护生态环境，就是保护地球母亲，保护人类自己。

人和动植物有区别吗

把大城市看成"混凝土高楼森林",再把马路上的汽车、警察、行人幻想成森林里的"动物"——一个用不同的"食物链"组成的"动物世界"。

在这个世界里,有一种车无疑是动物之王——老虎。它的价钱并不高,也"貌不惊人",但它有与众不同的"制服"——脸和屁股上挂的牌照。它们通常还带有标志,有时突然发出一声怪叫,其他车辆就纷纷颤抖着跑开,让它或逆行或插队先行。

另一种"车中贵族"更尊贵,地位相当于狮子。它们车身漆黑、低调,但有"王者之气"——从不在马路上炫耀,一如车主人的风格,但却是动物世界真正的统治者。

公交车外形庞大,但却是本质虚弱的"黔驴"——虚荣与自卑并存。驴子也踢人,但不敢"动真格"——只敢欺负出租车或自行车等,但往往被"小公共"欺压而不敢反抗。

出租车是动物中的羊,但出租车司机把自己比喻为老鼠——因为警察是猫。他们是马路上真正的"劳工"——平均每天工作10多个小时的劳工。勤奋的老鼠们在庞大的森林里窜来窜去地觅食,"眼观六路,耳听八方"——包括留神隐藏在马路上空的摄像头。他们迅速、疲惫、忍让、自卑、胆怯,生存环境最恶劣——但生存能力也最强。

当然,自行车、摩托车等,在这个森林里都遵循"丛林法则"或者叫"丛林规则":在丛林中的"弱肉强食"现象——为了得到阳光,参天大树把弱小的植物遮得"暗无天日",只好"另找生路"。

马路——合法炫耀权力的舞台,是人类社会的缩影——因为"车"背后是"人",而人的背后是无形又无处不在的权力。英国哲学家兼数学家罗素(1872~1970)说过:"不受约束的权力,必然带来罪恶。"好的法规应该最大限度地保护弱者——但是很遗憾，站在过街天桥上你可以看到，这"马路现实"离我们的理想还有距离……

藤缠树

上面说的"动物们"，都遵守着植物们遵守的丛林规则。在这种情况下，弱小的植物也有自己的生存方式，"藤缠树"就是其中之一。

当然，自然界要比人想象的复杂得多，不是一种丛林规则就可以概括的。

在澳大利亚的凯恩斯热带雨林里，有另一种规则——"雨林哲学"。

凯恩斯雨林是一个旅游景点，位于澳大利亚东北部的"阳光州"——昆士兰州。坐水陆两用车进入雨林数百米之后，光线立即暗淡下来。

热带雨水充沛，植物争的是阳光。乔木都不很粗大，拼命往高里长，必须仰面朝天才能看见树梢。在争高的过程中，总有弱者，它们如何生存呢？

例如无花果，在开阔地上，它们没有明显的主干而长成一丛。但在这里，它们学会了"攀缘之术"，把树干化为藤条，缠在高大的乔木上，一路攀爬，终于在林海里露出头来。不仅如此，它们还把根扎进乔木的皮中，吸取现成的营养。

又如棕榈，本来是乔木，但长得慢，在生存竞争中没有优势。它们就干脆不长树干，光长枝条。它的枝条非常有韧性——弯曲成一圈之后，一松手它又恢复原状了。不但如此，它的枝条还长出更细的藤条，带有密密麻麻的刺，不小心衣服就会被挂住——当地人还因此给了它"等一会儿棕榈"的绰号。就是依靠这些刺，它才能攀住高大的乔木，在空隙中往上钻而得到阳光。

平地的无花果是一丛一丛的

"兰花之王"等更加弱小的植物，只有寄生在高大乔木的树皮裂缝之中，但依然散发出诱人的芬芳。

总之，弱者借强者之力而得以生存繁衍——真是"八仙过海。各显神通"。不仅如此，它们还不惜改变自己的本性

——这就是雨林哲学。

人间的生活，也充满了竞争——个体与个体之间，群体与群体之间。所以，人类的社会生活和自然界一样，既有丛林规则，也有雨林哲学。

日寇发动侵略战争的时候，是多么的不可一世啊——"三个月灭亡中国"，就是这种心态的写照。第二次世

热带雨林的"八仙过海"

界大战失败之后，日本变成了"龟孙子"——钻在当年的死敌美国的胯下。所以，日本人的性格是，得势的时候耀武扬威，失势的时候低眉顺眼。后来，日本利用了冷战时代的矛盾，努力壮大自己，终于成为世界第二大经济强国。所以，近些年又有些"不甘寂寞"了。

中国人也同样懂得雨林哲学。古时候封建社会的商人是弱者——"士农工商"把他们排在末尾。但是，他们结交官府，或者用商业所得购置田地成为大地主。这还不算，他们还叫子女读书，通过"学而优则仕"来当官。有了钱势，就有了鱼肉百姓的资本。商人们靠雨林哲学起家，接着就实行丛林规则。

这是什么道理呢？我们习惯于用道义的目光来观察人类活动。当强权侵凌甚至企图瓜分中国的时候，我们喊出了"公理何在"；当看到攀高结贵趋炎附势之徒的时候，我们嗤之以鼻。可是，道义总是被丛林规则和雨林哲学压倒、嘲笑和愚弄。"成者王侯，败者寇"，"窃珠者贼，窃国者侯"——一个人，一个国家，不管用什么手段，一旦处于强势地位，就"总是有理"了。

一个既古老而又现实的问题是，人类活动的轴心应该是道义还是利益。丛林规则是动物的原则，雨林哲学是植物的哲学，我们毕竟是人，人应该有高于动植物的地方，否则何以为人呢？

神秘海岛上的"宝贝"

在爱琴海的西南和地中海的东部交汇处，有一个面积8336，平方千米的神秘岛屿——克里特（Kriti）岛，它是希腊最大的岛屿。大约在公元前2200～前1400年，这个岛的文明是欧洲最古老的文明之一。

克里特岛虽然不是很大，但这里出了一个至今人们仍然津津乐道的哲学家、雄辩家巴门尼德（Parmenidēs，约前515～约前445）。

芝诺

巴门尼德是大名鼎鼎的芝诺（Zenon Eleates，约前490～约前436）的老师，埃利亚学派的主要代表之一。人们之所以这样关注他，主要是冈为他的一句话——影响了世界25个世纪的"谎话"！巴门尼德说："每一个克里特岛人说的每一句话都是假话。"——我们叫它"原始命题"。

现在，假设他的这句话是真话，那么根据这句话的结论再加上他自己就是克里特岛上的人，就可以推出他是说假话的人，从而得到这句话是假话的结论。这和假设相矛盾。

那么，假设他的这句话是假话，又会怎么样呢？由于这句话是假话，那么根据这句话的结论再加上他自己就是克里特岛上的人，就可以推出他是说真话的人，从而得到这句话是真话的结论，这也和假设相矛盾。

这就是著名的"巴门尼德悖论"——个语义悖论，又叫"克里特岛悖论"。由于这个岛因此闻名遐迩，所以得到了"说谎岛"的"雅号"，这个悖论也就跟着叫"说谎岛悖论"。它是现在已经发现的最古老的悖论．巴门尼德也当之无愧地成为"悖论鼻祖"。

后来，在古希腊著名唯心主义哲学家苏格拉底（Socratēs，前469～前399）和埃利亚学派的影响下，大名鼎鼎的欧几里得创立了"小苏格拉底学派"即"麦加学派"。麦加学派提出了3个著名的悖论，其中一个就是把说谎岛悖论发展为"说谎者悖论"。这个悖论是，一个人说："我正在说谎。"另外两个是我们后面要说的"秃头悖论"和"谷堆悖论"。这个学派中的主要代表人物中有欧布利德、斯底尔波等。

上面提到的埃利亚学派，是在南意大利的埃利亚城邦形成的哲学学派．主要成员有巴门尼德的老师克塞诺芬尼（Xenopharles，约前6世纪）、巴门尼德、芝诺、麦里梭（Melissos，约前5世纪）等。

巴门尼德悖论这个"非数学化的悖论"是如此著名，以至古希腊著名哲学家、科学家亚里士多德（前384～前322）和后来的许多逻辑学家都研究过它。连《圣经·新约》也多次提到过它，《圣经·保罗达提多（Titus）书》第一章中"当斥责传异教者"一节，是这样叙述的："克里特岛人中的一个本地先知说，克里特岛人都说谎话。"这里被叫做"使徒书悖论"。

后来，有人把"巴门尼德悖论"进行了"经典化"："这个命题是错误的。"如果用 S 来表述这个命题，那么它的"公式"就是：如果 S 是真的，那么所说的就是肯定的，因而 S 是错误的；如果 S 是假的，那么所说的就是否定的，因而 S 是正确的。

说谎者悖论其实反映了一种"部分巾有整体"的结构，这种结构特别在生物中得到体现。例如，植物种子既是整体又是部分，"十月怀胎"中的妇女就是"人体中有人体"；而生命的每一小部分都有整体的全部遗传基因——正因为如此，才有克隆技术、DNA 检测……

悖论不但有趣，而且有用。正如法国著名的布尔巴基数学学派所说："古往今来，为数众多的悖沦为逻辑思想的发展提供了食粮。"芝诺的阿基里斯追龟的悖论，产生了无穷级数收敛的思想；数理逻辑叶的不相容性，产生了数学的"三大流派"，最终产生了划时代的"哥德尔不完备性定理"；迈克耳孙－莫雷光速实验似是而非的实验结果，使相对论得以诞生；波粒二象性的发现，使人们重新考虑确定论的因果性，而这正是科学哲学的基础，最后又导致了量子力学呱呱坠地……可见，研究悖沦并非无稽之谈。

相信读者朋友看了这本书，自己也能创造出一些悖论。

迷人的"秃头悖论"

一群学生来看退休多年的老教授——他们大学时代的张老师。

"啊，岁月不饶人啊！老师已经变成秃头了！"一个学生看到当年老师"黑草如茵"、现在几乎"寸草不生"的光头时，不由得发出感慨。

教授摸了摸已经谢顶的头，说："是吗，我真的变成秃头了吗？"

"老师，对不起，您的头顶上已经没有多少头发，确实说是秃头了。"学生说。

教授："你秀发稠密，当然不算秃头。可是，我问你，如果你的头上脱落了一根头发之后。能说是秃头吗？"

学生："我只少一根头发，当然不是秃头。"

教授："那好，再少一根呢？再再少一根呢……总结我们的讨论，就得到下面的结论：如果一个人不是秃头，那么他减少一根又一根头发仍然不是秃头，你说对吗？"

学生："对！"

教授："我年轻的时候也和你一样，一头乌黑的秀发，当时没有人说我是秃头，后来随着年龄的增高，头发一根根减少，最后到今天这个样子。但是每掉一根头发，根据我们刚才得到的结论，我都不是秃头。这样，经过多次头发的减少，并且每一次减少都使用这个结论，就得到一个新结论：我今天依然不是秃头。推而广之，任何人都不是秃头。"

学生无法回答，只好笑而不语。

张教授得意地把他故意和学生进行的诡辩，称之为"秃头悖论"——任何人都不是秃头。

秃头悖论最早是由欧几里得创立的麦加学派提出来的。德国古典哲学家黑格尔（1770～1831）在《哲学史讲演录》中也提到过它：一个满头乌发的年轻人，随着年龄的增长开始掉起了头发，最后竟成了秃头。有人问，开始掉一根头发的时候是秃头吗？不是。那再掉一根呢？也不是。如此继续。那么，掉到哪一根才算是秃头呢？

以上用的是头发的"减法"。

当然，秃头悖论还有另外一种相反的，但本质一样的说法：任何人都是秃头。这还可以用数学归纳法，从头发的"加法"角度来"证明"呢。悖证如下：

用 n 来表示一个人的头发根数，对 n 用数学归纳法。

因为，①$n=0$ 的人显然是秃头；②假定有 0 根头发的人算秃头，那么只多了一根头发的人也必然是秃头。

$n=n_0$

秃

$n=n_0+1$

不秃

所以，对任意 $n \geqslant 1$，有 n 根头发的人都是秃头。就是说，任何人在任何时候都是秃头。

当然，不管是"任何人都不是秃头"，还是"任何人都是秃头"，都是我们不会接受的错误说法。

那么，为什么会出现这样的悖论呢？

从数学和逻辑学上说，是因为我们把一个由普通集合论刻画的推理方法，应用到一个不能由普通集合刻画的模糊概念上去了。或者说，它把一个二值逻辑的推理，运用到一个二值逻辑所不能实行的判断上去了。

从哲学上说，量与质常常是统一的，量的变化往往就已经包含着质变。从头发根数来区分秃与不秃，绝对明显的界限是没有的，但根数的加一与减一又都必须"根根计较"。在这微小的量变之中已经蕴含着质的毫厘差别，这种差别是绝对不能简单地用"是"或"非"来描述的，一些事物只有到了黑格尔所说的"关节点"一例如水的冰点或沸点，这种差别才会显现；而且，

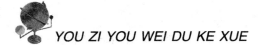

另一些事物有时并没有绝对或明显的关节点——例如"高个子"和"矮个子"的分界点就是这样。

事实上，宇宙间的事物并不总是非此即彼。日常生活当中，就有诸如"大个子"、"小青年"这些众多模糊的说法。科学研究中的模糊现象更是难以计数。例如病毒，它有些生命现象——例如分裂繁殖，但它既没有细胞核又没有细胞壁，你说它是生物还是非生物？

由于不能用精确的"非0即1的""计算机模式"描绘许多现实事物，这就给数学家们提出了新的课题。存这个背景下，模糊数学应运而生。

1917年秋到1919年春，年轻的周恩来（1898～1976）东渡日本留学，曾写下《雨中岚山——日本京都》一诗，其中有这样的佳句："人间的万象真理，愈求愈模糊；模糊中偶然见着一点光明，真愈觉娇妍。"这充满哲理的诗句，既是他追求光明、追求真理的写照，也是在人生领域对模糊科学妙不可言的诠释。

无处不在的数字 9

9 是一个具有很多神秘性质的数。它一定隐藏在每个人的生日中，不信请看。

华盛顿出生在 1732 年 2 月 22 日。按美国的习惯，其中的数字可写成图中黑板上的数 2221732。

现在，把这个七位数各数字的次序重新排列，就可以构成许多个不同的数。如果任意取两个这样的数，用较大的数减去较小的数，得到一个差。如果这个差是 9 以上的数，就把这个差中的各个数字加起来，得到一个和。如果这个和仍然是 9 以上的数，那么再将它的各个数字加起来，一直加到它们的和为一位数为止。最后的结果必然是 9。

下面，以华盛顿生日作为计算实例。任意取的两个数为 3 222 217 和 2 221 732，那么这两个数的差就是 3 222 217—2 221 732 = 1000 485，把这个差的各个数加起来，得 1 + 0 + 0 + 0 + 4 + 8 + 5 = 18，再把 1 和 8 加起来就得到 9。

事实上，对任何一个人的生日作上述计算，最后都可得到 9。

那为什么人的生日总和 9 有着看似神秘的关系，而不是和 9 "机会均等" 的其余 9 个阿拉伯数字呢？

这是一则关于数的悖论，我们不妨把它称为 "生日恋 9 悖论"。

那么，这种 "魔术" 的奥秘在哪里呢？如果把任意一个 9 以上的数（例如 322 217）进行上述计算，一直到最后的数字的和 8（由 3 + 2 + 2 + 2 + 1 + 7 = 17，1 + 7 = 8 得到）是个位数为止，这个最后的数 8，称为 322 217 的 "数字根"。这个数字根必定等于 322 217 除以 9 之后的余数，即 322 217 ÷ 9 = 35 801 余 8。所以，对于任何一个 9 以上的数 A，不管它的各个数字如何排列，这些数字所形成的新数 B 的数字根是不变的。因此，当 A 和 B 相减时，必定会把数字根消去，剩下的数必定是 9 了。

由此可见，不但"生日恋 9"，任何 9 以上的数都"恋 9"——我们不妨把它叫做"大数恋 9 悖论"。

"魔术师"的地毯

一个边长为 8 的正方形地毯，面积是 64（个单位面积），把它按图 1 切成 4 块之后，照图 2 拼成一个矩形。但这一拼却使人大吃一惊：原来的面积 64 变成了 $5 \times 13 = 65$！

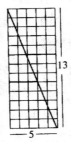

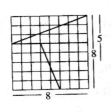

图 1

图 2

这就是英国数学家刘易斯·卡罗尔（1832~1898）的杰作——个著名的数学"魔术"。"魔术师"卡罗尔宣称，几何图形被分割成有限块以后，面积不一定保持不变。

以前没有见过这个把戏的读者，应当暂停往下看，试着找出其中的"捣蛋鬼"，以锻炼你的智力。

就是这个"一般的原理"，已经被用来创作诸如此类图形的"分割悖论"——或者叫"拼块悖论"、"拼图悖论"。由于图 1 貌似棋盘，所以又叫"棋盘格悖论"。

那么，这面积为什么会多出 1 个单位面积呢？

我们还是用"放大镜"来看一看吧。

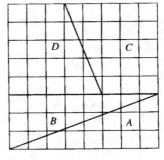

图 3

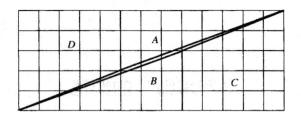

图4

把图1放大成图3，把图2放大成图4（旋转了90°），你就不难看出卡罗尔的"阴谋诡计"了。

原来，卡罗尔故意把图画得较小，而且线条很粗，以便在图2中把图4中间那块两头尖的"空地"——实际是一个狭长的平行四边形，"偷梁换柱"成粗大的"对角线"。

啊！明白了，原来图2之所以多出1个单位面积，是因为加了这块图1没有的"空地"——它的面积刚好是1个单位面积！

从图1（或图3）可以看出，8被分成了3和5。

这里还有六个问题：为什么卡罗尔偏偏要选择边长是8的正方形来演这个把戏呢？8为什么要被分成了3和5呢？边长是其他数值的正方形义可不可以演这个把戏呢？有没有类似的把戏呢？面积又可不可以变大呢？不用正方形又可不可以演这类把戏呢？

还是歇一会儿吧——我们将在接下来的故事里，陆陆续续来回答这些问题。

迷人的"七巧板悖论"

七巧板，真好玩，

姑娘小伙都喜欢。

正方形，三角形，

七块小板拼图案。

摆只鸡，摆条鱼，

摆只蝴蝶舞翩跹。

摆小桥，摆帆船，

摆朵荷花浮水面。

随心所欲翻花样，

动手动脑乐无边。

这是一首流传在中国北方地区的"七巧板歌谣"。

七巧板是中国古人发明的拼图玩具，它以变化无穷的图案和撩人的益智魅力流传于全世界，至今风韵犹存。

图1左边是一个用七巧板拼成的盂状容器。可是，用同一副七巧板拼成的图1右边的盂状容器，中间却比左边的多出了一个三角形的"空洞"。那么这个"空洞"是怎么形成的呢？

像图1这类用同一副七巧板摆成似乎面积一样，形状几乎一样，难以立即判断"问题"出在哪里的现象，被称为"七巧板悖沦"。

下面的图2~图4也是类似的情况。

用同一副七巧板拼成图2所示的小人。图2有边的人没有脚，但左边的人却有脚——怎么"多"出一块板来了呢？

图1

图2

图3

图3的情况和图1类似：右边的平行四边形多了一个"空洞"——只不过这里是平行四边形状的。当然，图3中的左右两个图都是用同一副七巧板拼成的。

图4右边也有"空洞"，只不过它在下面，而且是正方形。当然，图4中的左右两个图也是用同一副七巧板摆成的。

图4

"七巧板悖论"不难解决。现在以图2为例加以说明。

图2左边的小人用了6块七巧板拼成身子，用另外1块拼成脚；图2右边的小人用了7块七巧板拼成身子，没有脚。显然，从面积上看，图2左边小人的身子比图2右边小人的身子要小一些，但各自总共用的7块七巧板的面积是相等的——这就是七巧板变换的"等（面）积原理"。

南这个原理我们知道，图1、图3、图4各自右边图形的"外围面积"，都比各自左边图形的面积多出"空洞"那么大。

国外也有类似中国七巧板的智力玩具。例如图5所示的"阿基米德盒子"——"十四巧板"，图6所示的"日本七巧板"，图7所示的一种"德国七巧板"，等等。其中德国工业家阿道尔夫·李希特（Adolph Richter）博士，

图5

图6

图7

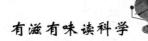
是一个"七巧板迷"。他发明的"七巧板"最多——到19世纪末达到36种，上述"德国七巧板"就是其中之一，也最复杂——每副"七巧板"的块数（从7块到12块不等）和形状（例如"哥伦布的鸡蛋"是卵形）各有许多种。他的最初生产积木的儿童玩具工厂，从1891年起开始生产中国的七巧板。

为什么多转了一圈

我们用两枚一样大的 5 分硬币做下面的实验。一枚 A 不动，另一枚 B 的边缘绕着 A 的边缘旋转，在绕转的过程中没有滑动——就像图 1 表示的那样。

现在小王问小李，在图 2 中，当"人头"朝上的 B 围绕着 A 转了半圈之后，"人头"朝上还是朝下？

图 1

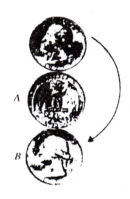

图 2

如果小李回答朝下的话，那就错了。就像图 2 表示的那样，"人头"依然朝上！

"啊！这么说，当 B 围绕着八转了半圈之后，B 自己已经转了 1 圈！"小李惊讶地说。

"对！加 10 分。"小工说。

"这就是说，B 绕着 A 转 1 圈的时候，B 自己要转 2 圈啰……但是，A 和 B 是一样大的，B 自己应该转 1 圈的呀！"小李自言自语。

但事实就是：大小一样的 A 和 B，当 B 绕着 A 转 1 圈的时候，B 自己要转 2 圈，而不是 1 圈。

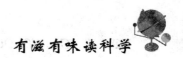

这就是有名的"转硬币悖论"。

为什么会出现这种悖论呢？

下面，我们从图3来说明这个似乎令人难以置信的、奇怪的事实。

设半径为 r 的 ⊙O 沿着一条直线滚动．它在和它的周长 $2\pi r$ 相等的线段 AB 上正好滚一圈。现在，在 AB 的中点 C 如图3 将 AB 弯折，使 CB 与原来的方向成 α 角。于是 ⊙O 从 A 出发转了半圈之后就到了 C，但它要转到 CB 上去，就必须多转 α 角——图3 中两个 α 角有彼此互相乖盲的两边而相等。

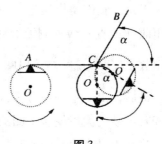

图3

在这个转弯过程中，⊙O 并没有沿着线段滚动，但的确多出来一个旋转角 α。那么这个 α 是多少圈呢？由于1圈的角度是 2π，所以 α 角就等于圈——α 以弧度计量。接下去，⊙O 又在 CB 上转了半圈，因此 ⊙O 在整个折线 ACB 上一共转了 $1+\dfrac{\alpha}{2\pi}$ 圈。

按照这个办法，可以算得两枚一样大的硬币 A、B，当 B 绕 A 转1圈（2π）的时候，B 自己转了 $1+\dfrac{2\pi}{2\pi}$ 圈 =2 圈。而这就是前面的事实。

由此我们还可以推知，一个绕凸多边形——正多边形或如图4 所示的任意多边形，在它的外侧滚动的圆绕完各边之后转的圈数，是它在与各边总长相等的直线上所转的圈数，再加上这个多边形外角的和除以 2π 的商这么多圈。而任何凸多边形外角的和永远是 2π，而 $\dfrac{2\pi}{2\pi}=1$。这就是说，圆在任何凸多边形外侧滚动时，滚动一周后它自转的圈数，要比它在与这个多边形的周长相等的直线上自转的圈数多一圈。例如，假设图4 中圆和多边形周长分别为 5，25，那么，圆绕着多边形外侧转一周时，就自转了 $\dfrac{25}{5}+1$ 圈 =6 圈。

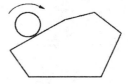

进一步推而广之，当凸多边形边数无限增加，就成了圆，因此一个圆绕另一个等大的圆转一周后，

图4

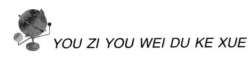
它自己自转了（1 + 1）圈；绕另一个直径为它 3 倍的圆转一周后，它自己自转了（3 + 1）圈，等等。

于是，我们得出结论：一个"圆"绕一条凸封闭曲（或直）线外侧无滑动地滚动时，它自转的圈数是 $\left(\dfrac{封闭线总长}{圆圈\alpha} + 1\right)$ 圈。

图 5

最后，出一个题考考你：在图 5 中的大小齿轮各有 24 和 8 个齿，当小齿轮绕着不动的大齿轮转 1 圈的时候，小齿轮转了几圈？

答案不是 24 ÷ 8 圈 = 3 圈，而是 24 ÷ 8 + 1 圈 = 4 圈。

图上编造的谎言

火星上的运河水道被 X 国的人造火星卫星发现了——还有 20 个城市遗址，如图 1 所示。每个城市用一个拉丁字母来代表。最南边的 T 是火星的"南极城"。X 国《天地指南报》刊登了如下悬赏 100 万美元征解的题目：从某个火星城出发，沿运河水路而行，每个城必须经过而且只经过一次，并且所经过的城市的代表字母恰好能拼写成一句话。问，是否有这样的途径？如果有，请把它画出来。

《天地指南报》编辑很快收到 5 万多封读者来信，都回答"不可能存在这样的途径"（There is no possible way）。

读者的答案是"正确"的：图 1 中已用 1~20 标出了这个途径——从"南极城" T 出发到达终点 y。由一路上所经过的城市的代表 7 母，就拼写成了"There is no possible way"，其含义是

图 1

"不可能存在这样的途径"；但是，这句话显示的恰好就是有这样的途径，即这样的途径存在。

在字面上，"不可能存在这样的途径"（There is no possibleway）表示不存在题目中要求的途径；而事实上又存在这样的途径。这就形成了自相矛盾的幽默。这就是"火星运河悖论"。

读者回答的"不可能存在这样的途径"，是这个图 1 上的一条"哈密顿轨道"。如果从 y 再走到"南极城" T，则从"南极城"出发又回到了"南极城"，这又是一个"哈密顿圈"。这样，图 1 就是"哈密顿图"。

那怎么都与哈密顿有关呢？

1859 年，英国数学家、物理学家威廉·罗恩·哈密顿（1805~1865），

提出了以下"周游世界游戏"——据说公布在当地市场上：用图2那样的一个正12面体的20个顶点来表示地球上的20个城市，怎样才能从某个城市出发，沿着各条棱走恰好只经过每个城市一次，最后返回到出发地点？

哈密顿

哈密顿的问题，被他简化为图3的左或右所示的"棋盘"平面图形问题。哈密顿还自豪地在棋盘上做了这样的说明："12面遨游，单身周游列国游戏。本玩具是钦命的爱尔兰天文学博士、爵士威廉·罗恩·哈密顿的发明。宴席上，作为即兴表演，稀奇无比。"

皇帝钦命的天文学博士发明的玩具，一定会与众不同。于是当时英伦三岛掀起了一股"单身周游列国"热。

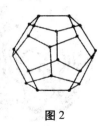

图2

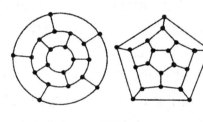

图3

最后，这个问题已由哈密顿本人解决。他的答案如图4所示——与前面的"不可能存在这样的途径"本质上相同。图4中从1→20→1，就形成了一个哈密顿圈，即哈密顿图。

已经证明，除此之外采用别的本质不同的方式，是不能按要求周游世界的。

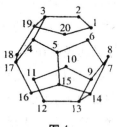

图4

钟情"单身周游列国"的还不只是"老外"，中国著名数学家苏步青（1902～2003）也是"爱好者"之一。

苏步青从图3右边"周游世界棋盘"里的12个大大小小的五边形中，挑出了6个（图5中画有斜线的那6个），这6个五边形在原正12面体中的位置如图6所示。再把图6所示的6个五边形"摊平"，就得到图7那样的有20

个顶点的 20 边形。

　　好，现在问题简单了。只要从图 7 的点 A 出发，沿着 20 边形的边界走一圈，就可以"周游列国"了。

　　哈密顿和苏步青把一个 12 面体"压扁"、变形后再进行研究的方法，启发我们深思。

　　"周游世界棋盘"问题是哈密顿问题的特例，其对象后来也扩展为一般的 m×n 棋盘上走马步的问题。用电子计算机研究之后，目前的成果有：对任意奇数的 m，n，m×n，棋盘上不存在

苏步青

马的哈密顿同路；周际象棋 8×8 的棋盘上至少存在 10 条哈密顿回路；中国象棋 9×10 的棋盘上至少存在 300 条哈密顿回路。这些问题，包括中国数学工作者在内的许多学者仍在探索。

图 5

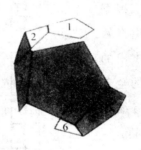

图 6

图 7

　　要判定一个图是否具有哈密顿圈的问题，是图论中著名的难题之一。除个别情形以外，迄今为止还没有找到一个图是否具有哈密顿圈的必要而且充分的条件。

　　由哈密顿圈问题，引出了诸如货郎问题、邮递员问题等类似的问题。货郎问题是：货郎必须到每个村庄售货，怎样走才能使路程最短？当然，这个问题因为还要求"路程最短"，比哈密顿圈问题难度更大，以致用现代电子计算机来解决都很复杂。

　　这类问题的研究，促进了最优化方法、图论等问题的研究，使运筹学、拓扑学等学科得到发展。

走不出公园的士兵

"笨家伙！"斯科特（1786～1866）对部下发火了。这位将军是美国著名的将领，也是全美家喻户晓的国际象棋高手。

几年以后，斯科特对此事还念念不忘。一天，他对林肯的陆军部长斯坦顿（1814～1869）抱怨说："尽管我们有20位指挥官都能指挥一个师的士兵开进一个公园，但他们都不完全知道如何指挥这些士兵按进入的队形开出公园。"

有感于斯科特的牢骚，萨姆·劳埃德（1841～1911）根据这个素材，编写了下面的一道奇妙的棋盘阅兵趣题。劳埃德是杰出的美国智力玩具专家、最著名的全美国际象棋趣题的作者，曾主持编辑《科学美国人》的国际象棋副刊。

阅兵的公园划分成8×8个小方格，每个方格里有一个如图所示的拉丁字母。接受阅兵的部队从入口

进入公园后，排头兵按国际象棋中车的走法，每格恰好过一次，而且要穿过O与C之间的"凯旋门"，从出口把队伍带出公园。同时，要求所经过格子里的字母按排头兵通过的顺序写出一句话。

士兵的行进路线，已经用粗线画在图中。我们看到，如此形成的"车图"是哈密顿图。但是，写出的那句话却偏偏是："我发现此处没有哈密顿圈也没有哈密顿轨道（I diseover that there has notanyr Hamiltonian cycle and any Hamil-

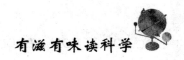

tonian path）。"

　　这个"棋盘悖论"，与前面的"火星运河悖论"上的谎言相似，但却恰好"言"和"行"相反：明明是画出了哈密顿圈和哈密顿轨道，却说"我发现此处没有哈密顿圈也没有哈密顿轨道"！

有完全相同的"双胞胎"吗

一群宫女纷纷从宫廷里迅速跑进御花园,风风火火地在寻找着……

几个小时过去了,她们最终却"踏破铁鞋无觅处"。

这些宫女在寻找什么?又是为什么而"香汗淋漓"?

这还得从 1676 年谈起。

这一年的 10 月 4 日,德国著名的数学家、哲学家莱布尼兹离开巴黎,去伦敦和荷兰转了一圈之后,最终于 11 月来到德国汉诺威。不久,他当上了不伦瑞克公国的宫廷议员。这里之所以叫"公国",是因为当时德国虽然几乎包括了现在的中欧全部和东、西欧的一部分,号称"德意志民族的神圣罗马帝国",但是,此时还没有统一,而是由 314 个大小不同的王国、公国和侯国组成——当时德国的老百姓打趣说:"一年有多少天,德意志就有多少诸侯国。"其中有十几个大诸侯国,7 个选侯国——

莱布尼兹

有资格选举德意志皇帝的国家,它的国君称为"选帝侯"或"候选"。当时不伦瑞克公国的候选就是约翰·弗里德里希公爵。

1679 年,约翰·弗里德里希突然去世,他的弟弟奥古斯都(Ernestus Augustus)继任公爵,莱布尼兹仍保留原职。由于奥古斯都的妻子苏菲(C. U H. Sophie)是莱布尼兹的崇拜者,所以两人经常"侃大山"。在两人的一次谈话中,莱布尼兹说:"世界上没有两片完全相同的树叶。"这句名言是如此经典,以至据说荷兰著名哲学家斯宾诺莎(1632~1677)也说过相同的话。还说,这话是莱布尼兹在当普鲁士王宫的宫廷顾问的时候,在一次宫廷讲学中说的。此外，还有不同的"克隆版"流传："凡物莫不相异，天地间没有两个彼此完全相同的东西。"

宫女们得知莱布尼兹和苏菲的谈话后，就想找到"两片完全相同的树叶"来责难莱布尼兹，于是有了故事开头的一幕。当然，在找遍整个御花园之后，她们一无所获，不得不对莱布尼兹另眼相看。

另外一句类似的名言是："没有完全相同的两片雪花。"

真的没有完全相同的两片雪花吗？

漫步在雪花纷飞的原野，你会感到置身于一个奇妙的几何形状的世界。美国学者、数学教师帕帕斯（Theoni Pap - pas）在《数学趣闻集锦》一书中说："雪花可能是自然界中具有六角形对称的最为令人兴奋的例子。"

研究一下所看到的雪花晶体，你会发现它们是由圆柱形、面条形、盘状、块状等花样结合而成的。没有两朵雪花是完全一样的，这已成为人们的共识。

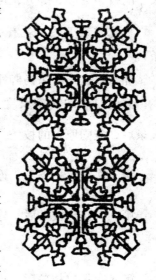

然而，在 1986 年 11 月 1 日，美国科罗拉多国家大气探测中心的 N. C. 克奈特，在一个玻璃盘上收集到了世界上第一对完全相同的雪花。这对"双胞胎"被油裹着在 2000 英尺（1 英尺合 0.3048 米）高度的阴影下暴露了 11 秒钟，盘子保持冷冻状态，直到飞机着陆并对晶体照完相为止。它们是圆柱状的晶体，人们把它叫做"平顶花格"。

在 1988 年 5 月发表的一封公布在《美国气象学报》上的信中，克奈特写道："人们引证得最多的沦断之一，是孪生的雪花关于雪花晶体没有两朵是完全一样的。这已为人类智慧所认可，甚至在这个领域的专家中也不持什么异议。"为此，美国邮票总局从 2006 年 10 月开始发行了一套印有精美雪花图片的邮票。

但是，觅奈特发现了"一个引人注意的例子，有两朵雪花如果它们小是完全相等同的话，至少也极为相像"。她继续写道："多年来对于雪花晶体的收集，作者既没有看到这样晶体的其他例子，也没有在参照标准中找到它。"

现在的问题是，能够算出这种"雪花双胞胎"现象发生的概率吗？

万千柳条这样生长

春天到了，柳树醒了，它把自己 3 等分，在它的 $\frac{1}{3}$ 和 $\frac{2}{3}$ 长度的地方，各长出 1 个长为 $\frac{1}{3}$ 的新枝条。这样，新旧枝条就共有 5 段。接着，义把这 5 段各长 $\frac{1}{3}$ 的枝条继续 3 等分，再在各等分处新长出 1 个长为新枝条 $\frac{1}{3}$ 的枝条……

如此继续下去，就有了"春风杨柳万千条"。

那么，这万千条杨柳一共有多长呢？

假设原来的枝条长度是 1，第一次长出枝条后，连同原来的枝条一共长 $\frac{5}{3}$。

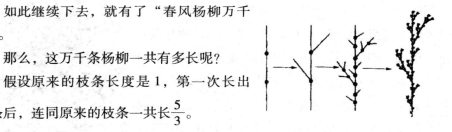

第二次长出枝条后，连同原来的枝条一共长 $\left(\frac{5}{3}\right)^2$。

第三次长出枝条后，连同原来的枝条一共长 $\left(\frac{5}{3}\right)^3$"。

……

第 n 次长出枝条后，连同原来的枝条一共长 $\left(\frac{5}{3}\right)^n$"。显然，当 n 很大的时候，$\left(\frac{5}{3}\right)^n$ 是一个很大的数值。

例如，当 $n=10$ 时，$\left(\frac{5}{3}\right)^{10}=\frac{9\ 765\ 625}{59\ 049}\approx 165.4$。

当 $n\to\infty$ 的时候，$\left(\frac{5}{3}\right)^n=\infty$ ——枝条无限长。

当然，由于自然条件等的限制，实际上枝条不可能无限长。

飞机、炸药、炸弹、儿子与赌博

2004 年 8 月 24 日，从莫斯科飞往不同地点的两架民航飞机"图—34"和"图—154"，在起飞后不久几乎同时失事，造成 89 人罹难，其中一架飞机在发生空难前发出过紧急求救信号。中央电视台存报道这条消息时说，从同一机场起飞的两架飞机，因机械故障同时爆炸的概率是很小的。听得出，这个报道的一个"言下之意"是，从不同机场起飞的两架飞机，因机械故障同时爆炸的概率要大一些。

那么，真的从同一机场起飞的两架飞机因机械故障同时爆炸的概牢，会小于从不同机场起飞的两架飞机因机械故障同时爆炸的概率吗？

我们暂时把这个问题放在一边，来看另一个"炸药问题"。

李先生经常坐火车旅行，他总是担心某一天某个旅客会把违禁物品炸药偷偷带上火车，危及他的安全。但是他知道，一列火车内出现某一个旅客偷偷携带炸药的概率比较小。他还由此进一步推论，一列火车上同时出现两个旅客偷偷携带炸药的概率就更小。于是，他每次乘火车的时候，总是在自己的公文包内放上一包潮湿的炸药，以减少火车上出现炸药的概率。

那么，火车上出现炸药的概率减少的说法对吗？

类似的问题出现在第二次世界大战期间。一群老兵向新兵传授躲避炮弹的诀窍：躲在新弹坑中，不要躲在老弹坑中。老兵的理由是，两颗炮弹不可能接连落在一个弹坑中，而却很有可能命中老弹坑。

同样的问题，"出现"在 1990 年春节联欢晚会上演"超生游击队"的"黄宏"和"宋丹丹"之间。

"黄宏"和"宋丹丹"一连"生了"5 个孩子，但都是女儿。

"宋丹丹"："我希望我们下一个孩子不是女孩。"

"黄宏"对"宋丹丹"说："我亲爱的，在生了 5 个女儿之后，下一个肯

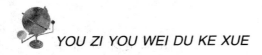

定是儿子。"

"黄宏"说得对吗？

在回答这个问题之前，我们来看下面的问题：美国诗人、小说家埃德加·爱伦·坡（1809～1819）在他的一部侦探小说的跋中说，如果你在一轮掷骰子中已掷出 5 次两点后，下次再掷出两点的机会就要小于 $\frac{1}{6}$ 了。那么，你认为爱伦·坡说得对吗？

如果你对前面这 5 个问题的回答是"对"，那你就陷入"赌徒悖论"——一个概率悖论之中了！

初看起来，这 5 种说法好像都是对的，但实际上却是错的。

事实上，在掷骰子的时候，下一次掷出两点的概率仍然是 $\frac{1}{6}$。同样，两架飞机是否存同一机场起飞，并不影响它们同时失事的概率，李先生自己携带的炸药是丝毫不会影响其他旅客携带炸药的概率的，第二次世界大战期间的老兵的说法也是错误的，"黄宏夫妇"生下一个孩子是男孩子的概率也仍然是 $\frac{1}{2}$。

日常生活中，我们把"彼此没有关系"的事件称为"独立事件"。大家都知道，完全不同的两个独立事件的出现概率是彼此无关的。例如，你明天穿雨衣的概率和明天喝咖啡的概率毫无关系。

但是，大多数人很难相信，一个独立事件的概率由于某种原闪会不受邻近的同类独立事件的影响。

统计数据埋"陷阱"

安娜是一个初次怀孕的少妇，自从怀孕后就没有上街了。

一天，丈夫陪安娜上街，为将要出生的小宝宝购置物品。但她看到一幅奇怪的景象：大街上的孕妇比以前多出好多倍！

一个统计资料说，中低速度行驶的汽车肇事次数最多，而车速大于150千米/时高速行驶的时候，极少出事。

于是有人据此得出结论：高速行驶比中低速度行驶安全。这个结论显然与常识相悖，而统计资料也没有错误，因而是一则"行车悖论"——属于"统计学悖论"。

那么，问题出在哪里呢？原来，中低速度行驶时出的事故之所以最多，那是因为大多数人都以中低速度开车的缘故；高速行车极少出事，是因为极少数人才这样"开飞车"。

与行车悖论类似的一则"肺结核病悖论"是这样的：美国亚利桑那州死于肺结核病的人的平均人数比其他州的多，于是得出这个州的气候容易得肺结核病的结论。

事实正好相反，亚利桑那州的气候对肺结核病患者有益，所以肺结核病患者纷至沓来，自然使该州死于肺结核病的人的平均人数增加。

以上两例说明，在得到某种统计结果的时候，切勿轻率地对其因果关系做出看似正确、全面，而实际错误、片面的结论。前面安娜的错觉也在于她过于关注"孕妇"所致。

无处不在的怪圈

"快！小王，蒙上眼睛，走过来摸这个佛像，摸到了有奖！"小王的女友小张正玩得带劲，忽然在"新发现"面前有了"灵感"。

"这有什么难的！"小王当然要"露一手"，很快回答。

小王蒙上双眼，伸出双臂，"瞄准"佛像走去……

"哈，偏了吧！"小张乐不可支。

小王取下蒙上双眼的布条："啊！怎么走到佛像旁边去了？"

在许多旅游景点，都有一个"瞎子摸佛"——蒙上双眼走一段路去摸"佛"字或一座佛像的游戏。但大多以失败告终。

其实，这也是一种"怪圈现象"。

人在漆黑的夜晚、迷蒙的雾中、茫茫的风雪中和遮天蔽日的森林中等无法辨别方向的条件下行走，无论起初朝着什么方向，其结果都是不断地回到原来的出发点。这是行走时的一种"怪圈"。

美国大幽默家马克·吐温（1835～1910）在他的《国外旅游记》里就记叙了他在旅馆的一个黑暗房间里旅行了整夜的故事。在那天夜里，他在那个房间里转圈47英里（约合75千米）——仍然没有走出房间。虽然这一故事有夸大其辞之嫌，但人在无法辨别方向时会转圈却是不争的事实。

马克·吐温的转圈，在中国称为"鬼迷路"或"鬼打墙"——当然不只是在房间内。有人把这种现象归结为病理——生理现象，也是客观的。因为从病理的角度说，世间本没有鬼，有的只是人们"疑神疑鬼"。只要消除恐惧心理，头脑冷静下来，就可以走到目的地。而从生理角度说，则有下面的解释。

因为人的两脚的力量大小不等，所以左脚走出一步与右脚走出一步的长度就不相等。这"不相等"，就使每走一步就偏离前进方向一点点——"差之

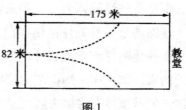

图1

"毫厘"。许多步积累起来，最终就回到原地——"失之千里"了。

有人在威尼斯的马尔克广场上做了这样一次试验。把一些人的眼睛蒙上后，把他们送到广场的一端，叫他们走到对面的教堂去。虽然要走的路仅仅175米，但却没有一个人走到宽达82米的教堂前——都走成了弧线，偏到一边碰到旁边的柱子上。

在1896年，挪威生理学家、动物学家F. O. 古德贝克对类似问题作过专题研究。他收集的例子之一是，有3个旅行家在宽约4千米的山谷中（图2），企图在黑夜中走出山谷，但走了5次都回到了原出发点，最后筋疲力尽，只好坐待旭日东升。

图2

图3

不仅走路如此，划船也是如此。古德贝克收集了一个在浓雾中的小船在一个4千米宽的海峡兜圈子（图3）的例子——人在两手划桨时用力不等使船的行进路线偏离，不断偏离之后，就回到原地。

不但人有此"怪圈"，许多生物也是这样。北极探险家发现，爱斯基摩狗拉雪橇时如不导引，这只狗会在雪地上转圆圈。把狗的眼蒙上放进水里，它会在水里转圈。瞎眼的鸟在空中会转圈，被击伤的野兽会因恐慌而不自觉地沿曲线逃离，蝌蚪、螃蟹、水母、微生物阿米巴等都沿曲线运动。

此外，英国数学家图灵（1912～1954）在计算机理论中指出，即使可以设想的最有效的计算机，也存在着无法弥补的漏洞。这个与德国数学家哥德尔的不完备性定理等价的理论，是人工智能和思维的怪圈。

由此可见，怪圈是科学、艺术和生物等领域中一个普遍的现象，怪不得霍夫斯塔特将怪圈称为"一条永恒的金带"。

怪圈现象和有关悖论使我们清醒地认识到，人们必须克服僵化的思维定式，才能跳出怪圈；而每次跳出怪圈的约束，都表明了知识范围的扩大和思维层次的递进。但这一领域依然有许多未解之谜。看来，人类认识自己、认识大自然依旧长路漫漫。

图灵

迷人的"时间机器"

"叫时间懂得去倒流啊，叫幸福永远在。"一首名叫《祈祷》的歌曲这样深情地祈祷。

那么，我们真的能回到"太阳光，晶亮亮"的童年，去"荡起双桨"吗？我们还是先来看 60 多年前的一个离奇故事吧。

第二次世界大战中的 1943 年 12 月，美国费城海军试验场。

美国海军启动强大的磁场脉冲，用来做秘密试验的一艘驱逐舰立刻被一团绿色烟雾所笼罩，并消失得无影无踪。在短短几分钟以后，失踪的驱逐舰出现在 470 千米以外的诺福克码头……

对此，有些科学家认为，这是强磁场打开了"时空隧道"。后来，美国据此拍了一部名叫《费城实验》的电影。当然，人们至今仍不知道这个"试验"的真假。

乘"时间机器"穿越"时空隧道"到过去或未来去旅行，是一件惬意的事，也是科幻作品乐此不疲的重要题材之一。著名电影《星球大战》就是其中之一。而一些飞碟研究者则认为，飞碟就是通过"时空隧道"出没于地球的。

布朗教授乘着时间机器刚刚返回到 30 年前，他正注视着还是婴儿时候的自己。他默问自己："假定我把这婴儿杀死，那他就不会长大起来而变成布朗教授，由于我婴儿时代就不存在了，我会突然消失吗？"

布朗能不能给出正确答案呢？

假如他杀死了这个婴儿，那布朗就会出现既存在又不存在的矛盾之中。因为布朗既然杀死了婴儿时期的自己，那么根据逻辑，布朗就不存在了，但现在布朗又恰恰是存在的。尴尬的布朗不能解决这个矛盾。

这是一则"时间机器悖论"。

更尴尬的事还在下面。

后来，布朗又乘着时间机器飞驰到了30年后的某一天。他在他的实验室外的橡树上刻了他的名字。

接着，布朗又回到了现在的社会。三年后，他定决砍掉那棵橡树。但砍掉橡树之后，他突然变得窘困了。

布朗默默地叨念："……三年前，我曾漫游过30年后的社会，并在这棵橡树上刻下了我的名字。再过27年以后，当我到了我过去曾到过的地方的时候，将会出现什么情景呢？什么树也没有了，因为那棵树早在27年前就被我砍掉了，我要刻名字的树从哪里来呢？"

这里，布朗跑到时间前面，在树上刻下了自己的名字，这里面没有逻辑上的矛盾。矛盾是在他回到现时之后发生的，即在他回到现在之后，砍掉了那棵树，使它消失。这样，在未来的某个时候，就出现了树既存在又不存在的矛盾。因为树已被砍掉，显然未来就不存在这棵树了，但布朗乘时间机器到未来时代时，又要将自己的名字刻在这棵树上，这就出现了不可克服的矛盾。因此，这样的情况是不存在的。

这又是一则时间机器悖论。

在前面，我们没有考虑时间机器的存在性和可能性，只考虑在逻辑上是不是可能，即会不会出现矛盾。从上面的关于时间机器悖论可以明显看出，如果我们假定只有一个单一的宇宙，那么随着时间的演进，任何一个想进入过去的尝试，都将导致逻辑上的

姑娘"星际旅游回来依然年轻"

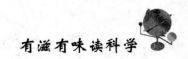

混乱。

可是，2005年5月7日，在美国麻省理工学院召开的"时间旅行者大会"上，依然有一位研究生"要让生活在未来的人现身，证明时间旅行是完全可能的"。

有趣的是，即使时间旅行不可能，但科学家们对此的兴趣却依然不减，因为它又带来了新课题：是什么物理法则阻碍了时间旅行呢？

"寻找往事踪影，往事踪影迷茫……"是啊，时间机器悖论告诉我们，"往事"的确"迷茫"，因此，我们不要过多地去寻找那些在"银色的月光下"的日子，而应该在"向前看"的时候，把握住每一个金子般的今天。正如凯·里昂所说："昨天是张退回的支票，明天是张信用卡，只有今天才是现金：要善加利用。"

横着长杆能过城门吗

斐克小伙剑术精，
出刺迅捷如流星。
由于空间收缩性，
长剑变成小铁钉。

这是一首无名作家写的打油诗，描写的是高速运动物体的收缩效应——狭义相对论认为，运动物体在它的运动方向上的长度要比静止的时候短。或者说，运动着的尺子在运动方向上会变短。

但是，在通常速度下，这个"变短"是极其微小的。根据"洛伦兹长度收缩公式"即"尺缩公式"：$l = l_0 \sqrt{1 - \dfrac{v^2}{c^2}}$ （l_0 和 l 分别是物体静止和以速度 v 运动时的长度，c 是光速）。

可以算出，只有物体以光速的 50%、90% 和 99% 运动，它们的长度才分别缩短为静止长度的 86%、45% 和 14%。这里提到的洛伦兹（1853～1928）是荷兰物理学家。

由此可见。这位斐克先生出剑，一定得有"闪电般的速度"——例如光速的 99% 才能行！

相对论使空间具有弹性，这种情况导致一些人的"不满"。他们说，静止的 A 看到相对于 A 做高速运动的 B 缩短了；同时，如果以高速运动的 B 作为参照系，B 也会看到 A 缩短了。那么，究竟是谁缩短了呢？

这个问题不难回答。根据狭义相对性原理，两个观察者 M 和 N 比较沿着一条共同的轴运动的刚性杆，如果 M 认为 N 的刚性杆比他自己的短，那么 N

也会认为 M 的刚性杆比自己的短。这就是长度收缩的对称性。

相对论的长度收缩不是什么"幻觉"——对每个人的感觉都会如此。尽管还没有直接的证据，但是原则上来说这是可能的。比如说，横着的长杆能通过城门。

中国古代的一个笑话说，一个人要让长度比城门宽度大的长杆横着通过城门，把长杆折断为两段。那么，不把长杆折断为两段可以通过城门吗？

如图 1，假如杆长 5 米，城门宽 4 米，城门洞的深度忽略不计。此时，横着的杆是不能通过城门的。

现在，如图 2 让杆相对于城门高速运动，根据"尺缩公式"可以算出，当 $v = 1.8 \times 10^2$ 米/秒的时候，

$l_0 = 5$ 米的杆就缩短为 $l = 4$ 米了。也就是说，当杆的速度大于 1.8×10^8 米/秒运动到城门的时候，就可以横着通过城门了。这是相对于城门静止的人 P 拿着静止尺子看到的现象。

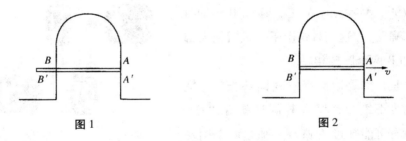

图1　　　　　　　　图2

但是，进一步研究可以看到，一个随杆高速运动的人 Q 用相对于他静止的尺子去量城门和杆，将会得到这样的结果：用"尺缩公式"算得城门宽 3.2 米，而杆长 5 米。那么，5 米长的杆又怎么能通过 3.2 米宽的城门呢？于是出现了"横杆悖论"。

横杆悖论是"长度收缩悖论"或"埃伦菲斯特悖论"中的一种。埃伦菲斯特（1880～1933）是一个有犹太血统的物理学家，以提出"紫外灾难"闻名，于 1933 年在荷兰自杀。

那么，横杆悖论如何解释呢？或者问，P 和 Q 究竟哪一个观察者发生了错误呢？

把 A、A'相遇定为事件 m，B、B'相遇定为事件 n，那么 P 认为 m、n 同时发生。而 Q 则认为 m 发生在前，n 发生在后，其间的时差可由相对论的"钟慢公式"算出，为 10^{-8} 秒。因此，Q 认为横杆 A'端先进入城门 A 端；经过 10^{-8} 秒之后，横杆 B'端才进入城门 B 端。

由此可见，P 和 Q 哪一个都没有错误——他们从不同角度解释了同一个现象。显然，"问题"出在"同时的相对性"上。

长度收缩悖论引出的问题很多。

有人认为，如果物体高速运动，长度、宽度、高度都要缩短。这个看法对不对呢？

我们假定有 A 和 B 丽个圆环如图 3 所示做相对运动。根据相对运动的道理，A 圆环向静止的 B 圆环运动；也可以说 A 圆环静止，而 B 圆环向 A 运动。这两种说法是等效的。A 运动时 A 变"扁"，B 运动时 B 变"扁"。在这两种情况下。最后结果都是 A 和 B 两个圆环相碰。

可是，如果运动着的 B 圆环长度、宽度、高度都缩短，那么 B 圆环就变"小"了，就有可能穿过 A 圆环，那这两个圆环就不会相碰了。

这就提出一个问题：B 圆环究竟是同 A 圆环相碰，还是从 A 圆环的"肚子"里穿过去？这个问题的形式是：先提出一个

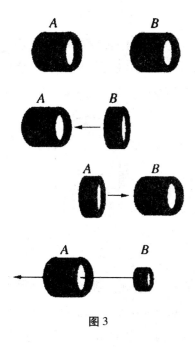

图 3

错误的假定，由此推出两个相反的结论，再问哪个结论正确。由于前提不能成立，所以由此提出的问题也不能成立。

这种"虚假"的问题从反面表明，物体高速运动时，只发生长度方向的缩短。所以，形象地说，当物体高速运动时，都好像变"扁"了。其实，只是长度的缩短，而不是三维都缩短。否则，相对性原理就会遭到破坏。

运动的钟变慢和运动的尺缩短，实际上是一回事（这就是时空的相对性）的两种不同形式的表现。到很远的天体上去旅行，既可以理解为是航天员不需要花费那么多的时间，也可以理解为对于航天员来说路程缩短了。这两种理解是等效的。

这一切表明，"红花白藕青荷叶，三教原来是一家"—自然界是多么和谐啊！

不能完成的"简单"任务

　　两手的食指托起一根光滑的木棒，让它始终保持水平。让两食指始终在木棒的两端之间任意水平移动，你能让木棒掉在地上吗？

　　如果向木棒中间移动两个食指，直到合并在一起为止。你会看到非常奇怪的现象：两个食指碰在一起的时候，木棒还保持着平衡，并没有掉下来。

　　你可以改变方式把这个实验重复做几次，并且每次变换食指开始放的位置，而且食指向两端（或一左一右）移动。可是结果总是一样：木棒

最后总是平衡的，始终不会掉到地上。如果不用木棒，而是用画图的尺子、有杖头的手杖、有长柄的铲子、擦地板的刷子，等等，也能得到同样的结果。而且，你还会发现"指不由己"的现象——有时想滑动某个食指，却动弹不了。

　　我们知道，只要经过木棒的重心的竖直线（简称"重心线"）没有在两个食指之间，木棒就会失去平衡而掉下来。可是，不管你多么"努力"地移动两个食指，结果总是木棒平衡——无法实现让木棒掉在地上的"理想"。

　　这种出人意料的结果，我们称为"木棒平衡悖论"。那为什么会有这个结果呢？

　　木棒在两个食指上平衡的时候，"重心线"显然总是在两个食指之间。而且，离木棒重心近的那个食指，负担的重量显然比较大。压力大，摩擦力也大，于是离重心近的食指一定会比离重心远的食指受到更大的摩擦力。因此离重心近的食指就不能在木棒下面滑动；滑动的总是那个离重心远的食指。而当向中间滑动的那个食指比不能滑动的那个食指更接近重心的时候，就换

了一个食指滑动了。经过几次这样的交换，两个食指就并在一起了。因为每次只有一个离重心比较远的食指在移动位置，所以"重心线"必然是在最后碰在一起的两个食指之间，木棒就不可能掉下去了。

同样的道理，可以解释当两个食指向两端滑动的时候：对于均匀直棒，必然是两个食指同时到达两端；对于不均匀直棒，必然是其中一个食指到达某一端。

无赖与债主打官司

中国古代有个"无赖打官司"的故事，讲的是有个无赖，借了人家的钱硬是不还。债主没有办法．只好告官。

于是县官开庭审理，他问无赖："你借了人家的钱，为什么不还？"无赖回答说："老爷你有所不知，现在的我已经不是借钱时的我，还钱的应该是借钱的我，而不是现在的我。"

县官没能识破无赖的诡辩，反而觉得无赖有理，于是宣布无赖无罪，了结此案。这就是传说中的"无赖悖论"。

借钱给无赖的债主无可奈何，盛怒之下，心生一计，将无赖狠狠地打了一顿，打得头破血流。

过了几天，无赖的伤稍有好转，也跑到县官那里告状。

县太爷传来了那位债主，问："你在光天化日之下为什么动手打人？"这位债主回答说："老爷，你有所不知，现在的我已不是打人的我，该治罪的应是过去那个打人的我，而不该是现在的我呀！"

这个故事，无疑是对主张"彼亦一是非，此亦一是非"的相对主义的人的绝妙讽刺。

该不该让白马过关

中国古代战国末期的一天，诸子百家中名家代表公孙龙骑马过关，关吏说："马不准过。"公孙龙回答说："我骑的是白马，白马不是马。"说着就骑马过了关。

后来，公孙龙在其所著的《白马论》里，对他的"非法闯关"行为进行了辩解。他说"白马非马"，有如下三点理由。

（1）"马"、"白"和"白马"的内涵不同。"马"的内涵是一种动物，"白"的内涵是一种颜色；"白马"的内涵是一种动物加一种颜色。显然，"马"和"白马"的内涵不同，所以"白马非马"。

（2）"马"和"白马"的外延不同。马的外延包括一切马，不管颜色的区别。而"白马"的外延只包括"白马"，有相应的颜色区别。显然，"马"和"白马"的外延不同，所以"白马非马"。

（3）"马"和"白马"的共性不同。"马"的共性是一切马的本质属性，它不包含颜色、形状等。而"白马"的共性是既有马的本质属性，义包含颜色、形状等。这样，"马"和"白马"的共性就不同，所以"白马非马"。

这就是公孙龙的"白马非马悖论"。

那么，公孙龙的悖谬在哪里呢？

"白马非马"这个命题，接触到了"类概念"和"种概念"、一般和个别、共性和个性之间的关系。"白马"是种概念、个别、个性，"马"是类概念、一般、共性。公孙龙看到了"白马"和"马"的内涵和外延都有差别，看到了种概念和类概念、个别和一般、个性和共性的对立这一面。这是他的贡献。

但是，公孙龙把这种差别和对立片面地夸大了，使之绝对化，否认了"马"这个类概念的外延对"白马"这个种概念的蕴含关系，否认了"马"

这个"一般"和"白马"这个"个别"之间的对立统一，割裂了它们之间的相互关系，使共性脱离了个性，成为超越时空的绝对观念，就陷入了"白马非马"的泥潭，进入了主观唯心主义的绝对主义哲学。

公孙龙的《公孙龙子》中，还有一篇并列的《坚白论》。

《坚白论》提出了"离坚白"的命题，即认为，"坚"和"白"这两种属性在具体事物——例如石头中，不是互相联结的，而是互相分离的。

公孙龙论证说：眼睛看到石头的时候，得不到"坚"的感觉，只得到"白"的感觉，这时"坚"自己"藏"起米了，就没有"坚"了。而手接触到石头的时候，得不到"白"的感觉．只得到"坚"的感觉。这时"白"自己"藏"起来了，就没有"白"了。所以，在他看来，"坚"和"白"是"一一不相盈"的，即互相之间没有任何联系。

这个悖论，是利用不同的感官各自具有不同的职能，彼此间不能互相代替的特点，来否认和割裂具体事物的不同属性之间的客观联系。他还认为，"坚"和"白"又是脱离一切具体事物而独立自存的，从而把一般和个别割裂开来，使之成为绝对独立的实体。这是纯粹的客观唯心主义的形而上学思想。

游客是怎么死里逃生的

古代的欧洲有一个美丽的城堡，但它的统治者国王是个暴君。一旦偷偷进入城堡观赏风景的游客被他抓住，就要被处死。

当然，在处死之前，国王也要像我们前一个故事中的鳄鱼那样，给将死的游客一个"智力问答"——亲自审问这个游客。不过，这个暴君比鳄鱼还要凶残：如果游客说真话就要被吊死，如果游客说假话就要被砍头——不管怎么都是死路一条。看来，游客就没有鳄鱼口的小孩那么幸运了。

一天，国王果然抓住了一个游客，并在处死前问他："你是来干什么的？""我是来让你砍头的。"游客回答。

这时，国王出现了两难局面。如果游客说的是真话，他应当把游客吊死。而吊死游客，那游客的话就变成了假话；如果游客说的是假话。他应当将游客砍头，而将游客砍头；那他的话就变成了真话。

无可奈何的国王只好把游客放走了。

这个著名的故事，在西班牙著名作家塞万提斯的大作《堂吉诃德》中也有记载。

酷刑之下的 "石柱悖论"

在太平洋某岛的土著居民中有这样一个风俗：在死罪犯人被处死前，要求他随意说一句话，然后酋长（或祭师）将会对"这句话正确"或"这句话错误"做出判断。如果这句话正确，犯人将在一根称为"正确之柱"的石柱下被斩首；如果这句话错误，犯人就会在另一根石柱——"错误之柱"下面被杀头。所以，无论犯人如何回答，都厄运难逃。

但是，有一天，有个犯人说了下面这句话："我将被处死在'错误之柱'下面。"

这时，酋长为难了。

读者朋友，现在你也来过一把当酋长的"瘾"，看你会怎样评判这句话的对错，该不该处死这个犯人，或者处死在哪一根石柱下面。

"出人意料"的考试和绞刑

琼斯教授宣布："同学们，下周的某一天要进行一次'意料之外的'考试。但是，你们在当天早上8点之前不可能知道考试的日期。只有到了考试那天早上8点钟，我才通知你们下午3点钟考。"说完，教授神秘地笑了一笑。

"在当天早上8点之前不可能知道考试的日期?"学生们议论开了，大家在仔细思考老师的这句话。

过了一会儿，爱动脑筋的卡尔对老师说："星期六和星期日是法定双休日，当然不会进行考试。考试也不可能在星期五，因为它是可能举行考试的最后一天，如果在星期四还没有举行考试的话，那我们就能推出星期五要考。但是老师说过，'在当天早上8点之前不可能知道考试的日期'，因此在星期五考试是不可能的。这样一来，星期四就成为可能举行考试的最后日期。然而，考试也不可能在星期四。因为如果星期三还没有考试的话，我们就知道考试将在星期四或星期五举行。但前面已经把星期五排除，这就意味着我们在星期三就会知道在星期四要进行考试，这显然也是不可能的，理由也是这个'在当天早上8点之前不可能知道考试的日期'。现在，星期三就成为最后可能考试的日子。但是，星期三也要被排除，因为如果在星期二还没有考试的话，根据同样的理由，就可以断定在星期三要考。依此类推，下周的每一天都将被排除。所以，您所说的考试根本就不会进行，您说要进行'意料之外的'考试，纯粹是吓唬我们的。"

但是，事实上琼斯并没有撒谎——就在星期二进行了一次"出人意料"的考试。当然，"在当天早上8点之前"，学生们"不可能知道"——确实出乎同学们的意料。

你看，卡尔"意料"得"天衣无缝"的、"根本就不会进行"的考试，

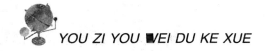
却"出卡尔意料"地进行了——琼斯并没有"吓唬"同学们。这就是著名的"考试悖论"。

另外,有一个类似的"死囚悖论"。

星期日,法官对一名死囚说:"你将在下周的某一天的正午被绞死,但至于是哪一个正午,你要等到当天的上午才能知道。"

下去之后,这名死囚作了这样一个推理:"不可能是星期日正午。因为否则的话,我用不了到那天上午而在星期六下午就会知道;同理,也不可能是星期六正午……"最后的结论当然是他不会被绞死。

等到星期四正午临近,刽子手来行刑时,他大骂法官食言。

但是,我们知道 法官并没有食言——死囚的确是在这个星期的一个正午被绞死的,而且他也是直到这天的上午才知道的。

这就是著名的"死囚悖论"。

请问,前面的卡尔和这里的死囚,他们的推理有没有错?如果有错,错在哪里?

有滋有味读科学

兽王也会"犯错误"

下面的"老虎悖论"是前面两个悖论的翻版。

一个叫迈克的勇士得罪了国王，国王就想了下面的办法来"名正言顺"地惩罚他。

国王对迈克说："在这5扇门后面的某一扇门，藏着一只老虎，如果你能打死它，我就赦你无罪。你必须从1号门开始，顺着次序开门，但究竟哪扇门里有老虎，你只有打开门之后才知道。这只老虎将在你的意料之外出现。"

迈克想："如果我打开了4个空房间的门，我就会知道老虎在5号房间。可是，国王说我不能事先知道它在哪里。所以老虎不可能在5号房间里。"

接着，迈克又想："'5号'被排除了，所以老虎必然在其余4个房间中的一个。那么在我开了3个空房间之后，又怎么样了？老虎必然在4号房间。可是，这就不是'意料之外'了。所以'4号'也被排除了。"

按同样的推理，迈克"证明了"老虎不能在3，2，1号房间。想到这里，他十分高兴："哪个门的背后也不会有老虎。如果有，它就不是'意料之外'的，而这不符合国王的允诺——国王总是遵守诺言的。"

在"证明了"不会有老虎之后，迈克就冒冒失失地去开门了。

使他大吃一惊的是，老虎从其中某个房间（比如3号房间）中跳了出来，把他吃掉。这完全是"意料之外"的——国王兑现了他的诺言。

迈克从一个正确的推理出发，却得到一个荒谬的结果而使自己命丧黄泉，这就是"老虎悖论"。

迄今为止，逻辑学家对于迈克究竟错在哪里，还没有取得统一的意见。

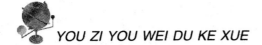

大多数人说，迈克推理的第一步是正确的，即那只老虎不可能在 5 号房间。可是，一旦承认这是严格的推理，迈克其余的推理就跟着成立。因为，假若老虎不可能在 5 号房间，那同样的理由将排除它在 4、3、2、1 号房间。

不过，很容易证明迈克的第一步推理也是错的。假定他打开了所有房门，只余下最后一扇门，这时，他能准确地推断说 5 号房间里没有老虎吗？

不能！因为，如果他这样推断，他也许会打开这个房门，发现有一个"意料之外"的老虎在其中！其实，即使问题中只有 1 个房间，整个悖论也依然存在。

逻辑学家们的一致意见是，尽管国王知道他能够遵守他的诺言，而迈克却无法知道它。因此，他根本无法以充分的证据推论在任何一个房间没有老虎，包括最后一个房间在内。

这下，你能对前面故事中的"考试悖论"和"死因悖论"做出解释了。

没有定论的"箱子悖论"

八仙之一的吕洞宾来到了人间。他说,当任何一个人要从两种可能性中进行选择的时候,他都可以十分准确地算定究竟会选择哪一种。

吕洞宾制造了两个大箱子:箱子 A 透明,里面总是装着 1 根金条;箱子 B 不透明,里面要么装着 100 根金条,要么什么也没有装。

吕洞宾对"凡人"说:"你有两种选择,一种是拿走两个箱子,得到其中的所有金条。不过,当我算定你会这样做的时候,我就让 B 空着。因此,你就只能得到 1 根金条。另一种选择是只拿 B。如果我算定你会这样做的时候,我就在 B 中放入 100 根金条。你一下子就会成为富翁。"

有个穷人决定只拿 B。他说出的理由很简单:"我已经看见吕洞宾试验了几百次,每次他都算对了,凡是拿两个箱子的人,都只能得到 1 根金条。所以我只拿 B,就可以获得 100 根金条。"

可是,有个财主却决定要拿两个箱子,他说出的理由似乎也很对:"吕洞宾已经离开人间回到天上,箱子里的东西不会再变了。B 如果是空的,就还是空的;如果它已经有 100 根金条,就不会跑掉,所以我会得到最多的金条。"

现在要问:谁的决定最好?

穷人决定只拿 B 是比较容易理解的。

而财主的做法也有道理,因为吕洞宾已经走了,B 中有或没有金条是不会再改变的:如果有,它仍然有;如果空着,它仍然空着。让我们来看一下这两种情况。如果 B 中有,假设财主只拿 B,他会得到 100 根金条;如果他两个箱子都拿,就会得到 101 根金条;如果 B 空着,假设财主只拿 B,就什么也得不到;但假设他拿两个箱子,就会得到 1 根金条。因此,在任何一种

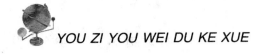

情况下，财主拿两个箱子都会多得到 1 根金条。

这是引起人们激烈争论的"箱子悖论"，穷人和财主的看法不可能都对，也可能某一个错而另一个对。那么，究竟哪一种看法错了？它为什么错了？至今还没有定论。